六〇歳からのパ♂パ活

日々、悶々としているそこのあなたへ

サーシャ・ミナモト

幻冬舎MC

六〇歳からのパパ活

～日々、悶々としているそこのあなたへ～

プロローグ

ここは麻布十番にあるラブホテルの中。隣には三二歳の吉原高級ソープ嬢がすやすやと眠っている。今日はこの娘と軽く昼食を済ませた後、日比谷で歌劇団の公演を観劇、そしてこの近くのうなぎ屋に行き、先ほどここへ。一戦交えて、彼女は疲れ果てた様子。真に綺麗な娘は、究極の状況でも常に綺麗なまま。怒った時も、泣いた時も、セックスでイった時も、そして寝顔も……。今私が寝返りを打った。彼女はちょっとだけ目を覚ました。すると、私の手を探している。私の右手を見つけて、そっと柔らかくその手を握った。と同時に、また眠りに入った。一〇分後に、これをまたもう一度繰り返した。こんな私を信頼してくれているんだと思うと、限りなく嬉しかった。

彼女はつい最近まで、日本の三大ソープの一つと言われるP店で働いていたが、現在は移籍して、ほぼ同レベルのお店で働いている。こんな綺麗な女性が、今この六四歳（当時）のおじさんの隣に……。（彼女との実体験は、一七七ページに詳述）

私はガクトではない。郷ひろみでもない。明石家さんまでもない。こんな普通のおじさんでも、透明感のある上品な（ソープ嬢だからといって、下品とはならない）若い女性と仲良くなれるのである。繰り返すが、この私は今や前期高齢者の、普通のおじさん（おじいさんかな?）である。皆さん、自信を持ってください！ Yes, we can.

目次

第３章

パパ活の流儀

第４章

ガールフレンドと出会うには

第５章

美女と私　あの頃、私はパパ活初心者だった

第６章　美女と私　忘れえぬ女性たち

第７章　美女と私　失恋・せつない経験

第８章　美女と私　パパはつらいよ、哀しいお別れ

第1章

タブーをぶちやぶれ！　私のパパ活への道

モテたいですか？

ぶっちゃけ、若くて綺麗な女性にモテたいですか？

逆に、こう思わない男性などいるのだろうか？

「いい歳こいて、何をそんなこと……」ですか？

それはむしろ逆だと思う。いい歳になったからこそ、なかなか手に入りそうにない、若くて美しい女性と仲良くなりたいという願望が強まるんだと思う。

そもそも、美しいもののそばにいたいという気持ちは、我々人類の祖先から始まっている。道具を使い直立二足歩行していた人類の祖先のうち、生き延びたのはホモサピエンスだけである。ネアンデルタール人や原人たちは皆滅びてしまった。両者の決定的な違いは何だったのか？

ある説では、ホモサピエンスだけが美しいものを愛でる心を持ち合わせていたから、ということのようである。つまり、美を認知しアートの価値を理解していたということとである。「真・善・美」のうち、「美」をきちんと理解できるのは、恐らく人間だけであろう。

私は子供の頃にアリスという名前のドーベルマンを飼っていた。私の叔父が西ドイツ（当時）大使館から譲り受けた、しっかりと教育された賢い雌犬だった。恐らくアリスは、本物の餌と偽物の餌の区別はできたであろうから、「真」については理解できたはず。やっていいこととだめなことを教えれば、「善」についても大体は理解できたであろう。アリスとは毎日のように夕方まで一緒に遊んでいたが、アリスに美しい夕陽を見せて、「ほらアリス、西の空を見てごらん。綺麗だろう？」と言って、一緒に感動できただろうか？　或いは、アリスにターナーの名画『湖に沈む夕陽』を見せて、このアートを理解できただろうか？

私のようなおじさんは、アリスとは違う。「美」の価値を知っている。それを求めるのはごく自然であり、我々は二〇万年以上も前からやっている。

話が脱線してしまったが……。ところで、各年代でどのような男性がモテるのだろうか？

小学生：足の速い子
中学生：頭のいい子
高校生～大学生：顔のいい子（イケメン）
社会人：仕事ができる人
六〇歳以上：お金がある人

恐らく、これにあまり異論はないだろう。逆に、足の速い六〇歳のおじさんはモテるだろうか？　金持ちの中学生はモテるだろうか？

勿論、「紀州の〇〇」のように、下品な金持ち（言い過ぎか？）は論外だが、お金があることが基本となる。ただ、逆説的に言えば、お金さえあれば、あのような綺麗なAV女優と結婚できるんだ、とも言える（殺されてしまえば、一巻の終わりだが……）。

私がどうしてパパ活を始めたのか？

前著『五五歳からの青春〜独身・バツイチのあなたも海外で〜』（幻冬舎、2020年）に、青春の四つのイメージを書いた。

㈠ 部活で友人たちと汗と涙を流す（「白球」を追いかけ、甲子園を目指す等）
㈡ バンドを組んでロックンロールを演奏する（文化祭のヒーローとなる）
㈢ バイクを乗り回す（「ヒール」となって人目を引く）
㈣ ナンパ（街角などで女の子をひっかける）

私が離婚をした五五歳までは、絵に描いたような「クソマジメ」な人生を送っていた。よくいえば、「優等生」的な人生である。親（父は教師、母は旅館とスナッ

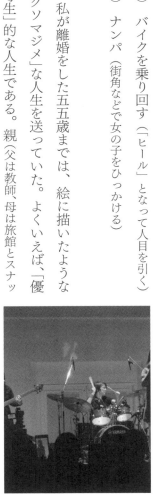

クを経営）や先生の期待に応えるため、家族のため、会社のために生きてきた。

小学四年生から家庭教師がついていた。この頃から様々な習い事をさせられた。特にピアノは苦痛だった。高校生の時は、数学・小論文それぞれ専門の家庭教師がいた。難関大学を目指し、ひたすら勉強。生徒会長もやった。

高校・浪人時代には、勉強以外は何もしなかった。勿論、テレビはニュース以外見たことはない。大学生の時は、体育会のクラブ（ダンス部）に入部し、競技会でいい成績を残すべく、ストイックに練習。授業料を払ってまで池袋や高田馬場のスタジオに通い、様々な技術を学んだ。

会社に入れば、恐らく人の三倍は仕事をした。多忙な部署では、土・日も休まず年四千時間以上働いたこともあった。仕事以外の時間は、不動産鑑定士・宅建・マンション管理士・管理業務主任者・簿記・銀行業務検定・衛生管理者などの試験勉強をしていた。また、何とか時間を捻出して、趣味のスキーをやっていたが、これはあくまでＳＡＪ

（全日本スキー連盟）の一級とＳＩＡ（日本プロスキー教師協会）のゴールドという資格を取得するためである。なので、これはあまり「趣味」という感覚はなかった。

結婚してからは、家族（妻&息子一人）のため、料理以外は何でもやった。要するに、私にとって「遊び＝悪」という認識であり、何か少しでも楽しさを感じると、罪悪感に苛まれるのである。

でも、離婚をして自由になったのを契機に、このような自分の歪んだ感性・性格を根本から改めることに決めた。そして、無意識的に憧れていた前述㊀〜㊃の「青春」を実行に移すことにした。特に、海外での女性との交流（㊃）は、自分の人生を大きく変えることになった。これで、ヘンな罪悪感も消えてなくなった。

しかし、私は六二歳になった頃から、この「青春すること」をやめた。スポーツは引き続き国内でやっているが、それ以外はもうできなくなってしまった。そこで、方針を大転換することに決めた。理由は以下の通り。

㊀新型コロナウイルスが蔓延し、容易に海外に行けなくなった。

㊁海外渡航が解禁になっても、毎月海外に行くのは大変。

㊂この歳では海外で「青春」はできても、国内では無理。つまり、お金をうまく使うしか手はない。

㊃引き続きドラムはやっているが、新型コロナウイルス感染症流行の影響でライブができなくなってしまった。

㊄毎週末にはガールフレンドとデートしたい。

㊅フーゾクで遊んでも、こちらは単なる「お客さん」。少しだけでも心と心が通い合う関係が欲しい。お金でつながっているので、こちらの大いなる勘違いではあるのだが……。因みに、一般的にこれを「疑似恋愛」というのだろうが、この言葉は嫌い。

㊆同年代の女性（熟女？）なら、普通の出会いで大人の関係になれるが、自分は若い女性が好き。

㈧　毎月支払っていた多額の養育費の支払いが終わり、金銭的に余裕が生まれた。

タブーに挑戦してきた私、そしてこれからも

四二歳で大企業を退職し独立起業

四二歳で大企業を退職し、安定した高給を捨てた。そして、不動産鑑定士という資格を生かして、独立起業した。これにより、仕事における自由を得た。つまり、会社員時代には嫌な仕事でもやらなければいけなかったが、現在は好きな仕事しかやらない。

五五歳でミスコン優勝の美人妻と離婚

五五歳でミスコン優勝の美人妻と可愛い息子を捨てて離婚をした。その代わり、プライベートにおいて自由を得た。つまり、同時並行で複数の好きな女性とお付き合いができるようになった。

ただ、近年は三組に一組が離婚する時代なので、離婚がタブーともいえない時代に

なってきた。でも、皆さんは最高裁判所が、未だに「離婚＝悪」と捉えていることをご存じだろうか？　余談になるが、私は離婚歴があるという理由だけ（だと思う）で、調停委員に任命されなかったのである。まぁ、やりたくもないので、どうでも良かったのだが……。

最高裁判所の通達には、「民事調停委員及び家事調停委員の任免等について」（平成一六年七月二三日、民二第２８８号）には、選考基準として、「公正を旨とする者であること」「豊富な社会常識と広い視野を有し，柔軟な思考力と的確な判断力を有すること」と書かれている。実際の運用では、私のような不動産鑑定士や医師などが任命されることが多いのだが、時折学校の先生なども任命される。でも、果たして教師に『豊富な社会常識』はあるだろうか？

実は私の父は高校の社会科の教師だったが、お山の大将で世間知らず。もし私の父のような人間が調停委員にでもなったら、「仲良くしなきゃだめだよ、いいかい？」みたいなことを言うのだろう。てんでお話にならない。清廉潔白な人間よりも、むしろ私のような清濁併せ呑む「変わり者」の方が向いていると思うのだが……。

再び余談だが、絵に描いたような「マジメ」人間が人の上に立つと、ロクなことはない。「マジメな独裁者ほど怖いものはない」ともいう。因みに、アドルフ・ヒトラーは、酒は飲まず、たばこも吸わず、おまけにコーヒーも飲まなかった。ねえあなた、せめてコーヒーくらい飲んだら如何か？

大学生～六〇代で美容整形に挑戦

美容医療がこれだけ発達した現代において、これを利用しない手はない。私は大学三年の時からやっている。顔・歯を中心に、トータルで約八百万円を投じている。人は見た目が九割（？）。詳細は後述する。

三億円の「いい借金」

現在三億円の借金がある。是非、ロバート・キヨサキ著『金持ち父さん貧乏父さん』シリーズを読んでほしい。借金には、『いい借金と悪い借金』がある。三億円の借金は全て『いい借金』である。借金はレバレッジを効かすために活用している。これで豪邸や高級車を買ったりはしない。

「青春」をしに海外へ

私の青春時代は、勉強・習い事以外は全て「悪」。好きな女性とデートをするなど、もってのほかであった。しかし、離婚を機に自分の青春時代を取り戻すべく海外へ行き、思い切り「青春する」ことにした。「えっ、わざわざ外国にまで出かけて行って、女漁りかよ?」まっ、これも立派な(?)タブーであろう。

詳細は、前著『五五歳からの青春~独身・バツイチのあなたも海外で~』をお読みいただきたい。

フーゾク遊び

彼女たちは、我々男性に夢を与えてくれる。射精をしなければ、精神的にも肉体的にも不健康。AVを見ながらオナ○ーすれば、ある程度の快楽は得られるが、これは異性にチャレンジできない一種の現実逃避であり、男として、生物のオスとして終わっている。魅力あるオスになるべく努力をしなくなる。素人でなきゃだめですか？

今の時代、素人と玄人の区別はほとんどない。清楚で純粋な女性という存在に幻想を抱いている男性もいると思うが、そのようなおめでたい考えはやめにしましょう。絶対にフーゾク嬢などやらないだろうという雰囲気の娘が、普通にソープ嬢をやっている。私はそういう多くの娘と出会い、その後私のガールフレンドになっている。


そして……パパ活！


きれいごとはいらない。

若くて美しい女性と肌を合わせることが、どれほど明日への活力となることか？

体と体が一つになった喜びは何ものにも代えがたい。若い時に感じた単なる「快感」とは異なるもので、むしろ相手に与えることがこの上ない喜びとなる。

「この歳まで頑張ってきて良かった〜！」

という感情も湧いてくる。ここ数年で、「市民権」を得たもの……。美容整形・キャバ嬢（キャバクラ）・AV女優、（フーゾク嬢）、そして、そろそろパパ活も？　七、八年前だったら、世の中に受け入れられないテーマだったと思う。私は、何度も美容整形手術をしている。キャバクラにはほとんど行ったことはないが、五、六人のＡＶ女優と付き合ったことがある。現在二人のフーゾク嬢のガールフレンドがいる。パパ活もしている。この本は、あくまでも、こういう生き方をしているおじさんもいる、という話である。特に日本国内において、パパ活は微妙なテーマでもあるので、あくまでも自己責任でお考えいただきたい。ただ、これをうまく自分の生活の中に取り入れれば、潤いのある毎日が過ごせるのは間違いない。余談だが、世界的な感染症の影響も手伝って、ここ三、四年で、パパ活女子・フーゾク嬢が激増している。

「えっ、まさかこの娘が？」

という感覚はもう捨てたほうがいい。そこそこ有名なアイドルやグラビアアイドルでも、普通にフーゾク嬢やパパ活をやっている。私はそういう娘を何人も知っている。彼女たちも生活していかなきゃいけないので、その行為を非難することはできない。

そもそもパパ活はいけないことなのか？

パパ活において、『被害者』と『加害者』は存在するだろうか？　むしろ、両当事者はウインウインの関係である。性的快楽を求める男性とお金を必要としている女性とがうまくマッチしている。むしろ、所得の再分配機能すら持ち合わせている。にもかかわらず、金銭授受を伴う性行為をどうして法律で規制するのだろう？　性行為そのものには何の問題もないのに、ひとたびそこに金銭がからむと刑法犯になるというのは何故だろう？　脚を使えば、サッカー選手として稼ぐことができる。腕を使えば、絵描きとして稼ぐことができる。指を使えば、ピアニストとして稼ぐことができる。ところで、である。性器を使って稼いだら……？　どうしてこの場合だけ犯罪になるのだろう？　売春防止法とやらの草稿を書いたお偉い先生に、是非答えていただきたい。更に言えば、ペニスを膣に挿入したら犯罪、肛門に挿入したらセーフ。なんでやねん！

私は友人男性数人に、自分がパパ活をしていることをカミングアウトした。そこで得た感触でお話する。完全な私見であるが、その根底には嫉妬やひがみが存在していると思う。お金に余裕がない男性や容姿のレベルが低い女性は、この種の行為にありつけない。そこで、『弱者（女性）保護』の名のもとに、活動家を中心に法規制を主張していくことになる。今日明日のお金を必要としている女性にとってみれば、それこそ大きなお世話である。仕事の邪魔をしないでもらいたい、というのが本音であろう。また、私のような高齢男性や、あまり女性と触れ合う機会のない男性にとってみれば、ある程度の金銭をオンすることで好みの女性と楽しく過ごせるのであれば、こんなに素敵な時間・空間はない。

この際だから、はっきり言わせていただく！　パパ活を否定する人は、貧乏人男性とブスな女性である。加えていえば、そこに踏み込む勇気がない臆病者である。

美容整形はタブーではない。おじさんの武器だ

大学三年の夏　二重まぶたの手術でお目めパッチリ

ぼんやりとした目が嫌だった。この当時は、美容整形は芸能人の女性がやるものくらいにしか考えられていなかった。今から振り返れば、よくもまあ決断したものだと、自分のことながら感心している。費用は覚えていない。この時、医師の勧めによりまぶたの脂肪も取った。これで、腫れぼったさも無くなった、

余談だが、手術室にいた二人の看護師の「この男、美容整形をするなんて、ヘンな奴！」みたいな、冷ややかな視線が忘れられない。手術後、上野駅から急行列車に乗り、実家へと向かった。乗ってすぐに雲行きが怪しくなってきた。そして、猛烈な雷雨。でも、何故かその稲光が美しく見えるのだった。最寄り駅に到着する頃に、雨は止んだ。改札を出ると、素敵な虹が見えた。もうかれこれ半世紀前の出来事だが、あの日の記憶は鮮明なままである。於：O美容形成外科

三二歳の秋　目頭切開で目を大きく

大学生の頃から、目頭にある蒙古ひだが嫌だった。この切開をすれば、目と目の距離が縮まり、きりっとした顔になると思った。医師に相談したら、男性には勧められないと言われた。つまり、女性なら切開したところに肌色のファンデーションを塗ればうまく隠せるのだが、男性の場合にはそうもいかないので、傷口がもろに見えてしまうということ。でも、私は自分の肌色に近いファンデーションを選んで、お願いすることにした。一度切開手術を受けたが、まだ少しひだが残っていたので、再度手術を受けた。何人かのガールフレンドにこの手術の話をしているが、口々に「とても自然だね」と言ってくれる。自分としても、大変満足している。費用は覚えていない。於：S整形外科

六一歳の冬　フェイスリフトで若々しく。でも大手術だった

同じく、大学生の頃から、ほうれい線とマリオネットラインが深いのが嫌だった。あれから四〇年の歳月が経過。手術日は一二月三一日の大晦日だった。午前一〇時に

始まり、終了は二〇時という、一〇時間に及ぶ大手術である。顔全体に包帯が巻かれ、顔の体積が二〇～三〇％アップ。負傷した兵士のような顔でタクシーに乗り帰宅。勿論、こんな顔でお店に入って食事もできない。近くのコンビニでおにぎりやサンドイッチを買ったが、思うように口が開けられない。傷口の消毒のため、翌朝またクリニックに行かなければならない。この顔で電車には乗れないので、タクシーに乗ろうとした。でも、元日の早朝にタクシーは見つかるはずもない。仕方なく電車で行くことにした。マスクをして、フードをかぶり、マフラーを首に巻き、一番端の席に座り、何とかクリニックに到着。処置をしてもらって、また電車に乗り何とか帰宅。

この頃は、新型コロナウイルス感染症流行の影響で、世の中の人は皆マスクをしていたので、運良くマスク姿の私は自然で誰にも気づかれなかった。でも、ダウンタイムは長かった。先生には約半年と言われたが、実際には一〇か月ほどかかった。後に、この手術のことを数人の友人にカミングアウトしたが、口々に『一〇歳若返った』と言ってくれた。先生も全く同じことを言っていた。費用は二三〇万円（院長先生指名料込み）と、かなり高額だったが、毎年二三万円払えば一〇歳若くなれる、という計算になる。月約二万円か。これを、高いとみるか安いとみるか……。

余談だが、ここでちょっと『若さの価値』について考えてみたい。もし、目の前にウォーレン・バフェットやイーロン・マスクのような大富豪（仮に八〇歳としよう）が現れて、「自分と人生を入れ替わって欲しい」と頼まれたら、どうだろう？　ＯＫするだろうか？　今の私と一五歳しか違わないが、私の答えは間違えなく『ＮＯ』である。つまり、これが『若さの価値』である。於：Ｐクリニック

六二歳の夏　下眼瞼《かがんけん》切開でたるみ取り

右記フェイスリフトのカウンセリングを受けている際に、ゴルゴラインもなくしたいと相談していた。近年急に目立ってきたこのしわなのだが、フェイスリフトでは解消せず、別の手術が必要だと言われた。実は、フェイスリフトの手術をやって、ほうれい線とマリオネットラインが浅く良くなったからこそ、ゴルゴラインが強調されてしまった。そこで、フェイスリフト手術のダウンタイムが終了する半年後に当該手術を受けた。完全には取り切れないのだが、年寄りくさい顔が随分と良くなった。

実は、この手術には想定外の大きなオマケが付いてきた。これまで前方向に伸びていた下のまつ毛が、下方向に向くように変わることで、長いまつ毛がより強調され、これが私の新たなチャームポイント（？）になった。費用は七〇万円。於：Pクリニック

六三歳の春　VIO脱毛で女性に喜ばれる

あるフィリピーナに、陰毛はない方がいいといわれ、自分で処理していたが、手入れが大変なので、医療脱毛処理をすることにした。

効果その㈠　蒸れないため、清潔。
効果その㈡　フェ〇がしやすい。
効果その㈢　ペニスが少し大きく見える。

余談だが、フィットネスクラブで風呂に入って、他の男性の陰毛を観察すると、脱毛している人はほぼ皆無である。

どうしてやらないのか、とても不思議である。費用は一〇万円。於：Sクリニック

六四歳の夏　頬・顎の脂肪吸引及びテスリフトで肌の引き上げ

頬のたるみが気になり始めた。おじさん・おじいさんによくある、顔全体が重力に負けて下がってきた感じ。この手術をしてから、何となく鏡を見るのが楽しくなった。費用は七〇万円。於：Pクリニック

他にもやっているが、省略する。

お金に余裕があるのなら、多少のリスクを冒してでも美容整形は絶対にやった方がいい。これによる費用対効果は計り知れない。ザックリといえば、一〇〇万円かければ、一〇〇〇万円になって返ってくる。男性ではまだ一般的ではないからこそ、差別化を図る意味でもやった方がいい。前述したように、私は四〇年以上前からやっている。私はガールフレンドに、美容整形手術のことを普通にお話する。すると、食いつきがすごい。勿論、美容に興味のない女性はいない。それに、こんなおじさんが大金

を使って整形手術をすることは、大きな驚きでもあろう。詳細に聞きたがる。まあ、ここまではいいとしよう。でも、そもそも女性がどうしてそんなに男性の美容整形に興味を示すのだろう？

イケメンに生まれた男に惹かれるのは分かりやすい。イケメンは、基本左右対称の作りになっている。そういう綺麗に出来上がった生き物は、免疫力が強い。だから長生きする（美人薄命は嘘）。異性がイケメン好きなのは、根本的にこういう生物学的な要因が存在するからである。ただ、問題なのは、イケメンの子供は百％イケメンになるとは限らないということである。美容整形をするというのは、いわば後天的能力の表れである。努力する能力、修正能力ともいえる。女性は無意識のうちに、その男性の内に後天的能力を見ているのである。

それでは、元々イケメンに生まれてきた男性と、後天的に（美容整形手術によって）イケメンになった男性とでは、どちらの美の方がより価値が高いだろうか？　ここで明確な優劣をつけるつもりはない。ただ、日頃から高い美意識を持ち、高額な費用をかけ、多少のリスクを負い、決断・実行するというのは、ただ美しい両親から受け継いだけの美とは異なるものであることだけは間違いない。

また余談だが、女性は特に美容に対して関心が高いという興味深い例を挙げてみる。私が浪人をしてS予備校に通っていた頃、英語の授業で、『Beauty Industry（美容産業）』というタイトルの英文を読まされた。一九二九年から始まった世界恐慌の話だった。あらゆる分野の産業が不況に陥る中、唯一不況にならなかったのが、この美容産業だった。女性よりも、比較的美容というものに関心が薄い男性が美容に気を遣えば、その差別化の効果は極めて大きいといえる。

最近私は、人を見た目で判断するようにしている。昔から、「歳を取ったら自分の顔に責任を持て」ともいう。若い人も、美容整形で少しでも綺麗になろうとするのは、一つの向上心の表れである。私はこれまで、「人を見た目で判断してはいけない」という言葉を信じて、何度も失敗してきた。見た目、つまり、顔・顔つき・表情・面構え・体型・目つき・所作・立ち居振舞い・雰囲気などがヘンでも、何度かお話をしていくうちに、その人のいい面が見つかってくる。でも、どんな人にも多少いい面は存在する。結局ほとんどの場合、トータルではやっぱりヘンな奴なのである。

本当に我々は「人を見た目で判断してはいけない」のだろうか？　このフレーズを小学校の校長先生が言うなら理解できる。小学生はまだ人生経験が足りないからである。自分が出会ったことのある人数が大人と比べて圧倒的に少ない。人間のサンプルとして子供の中にあるのは、親・兄弟・親戚・クラスメイト・先生・近所のおじさんおばさん、くらいのものだろう。しかし、六〇歳にもなれば、その数は軽く数万人は超えるだろう。だとすれば、自分の頭の中に多種多様なサンプルが蓄積されているはずである。六〇歳にもなって、人を見た目で判断できないような男（女）はダメな奴とさえ私は考えている。

第２章

モテ期はこれから

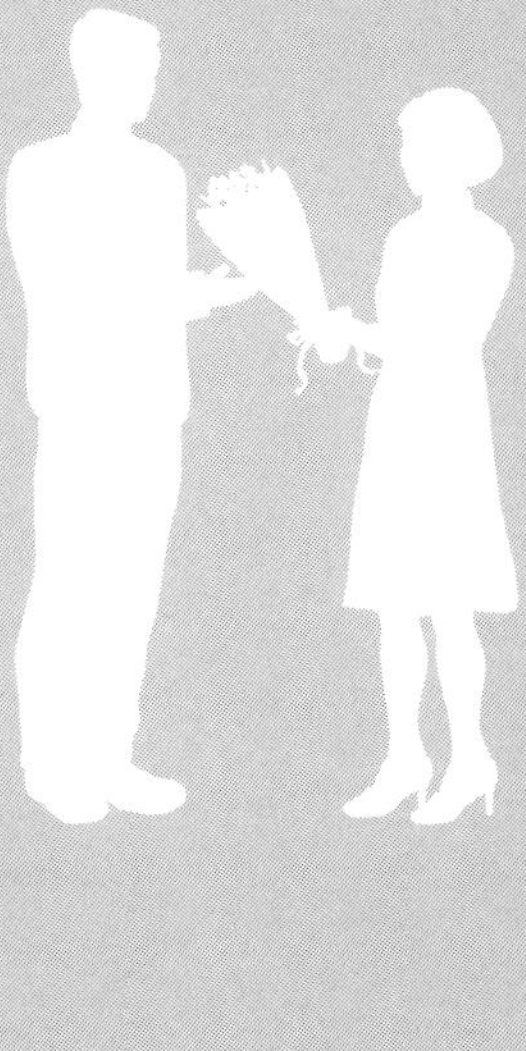

六〇歳（六五歳）になった今、あなたは何がしたいですか？

あなたの現状は？

㊀ 独身

㊁ バツイチ

㊂ 配偶者と別居中で実質離婚状態

㊃ お金と時間はあるが、刺激がない

㊄ これまで長年、家族のため会社のために「まじめ」に生きてきて、そろそろ自分の好きなことをしてみたいと思っている

㊅ 本当の自分というものは、もっと別のところにあるのではないかと悩んでいる

そして、今あなたがしたいことは？

海外旅行ですか？　ゴルフですか？　孫の世話ですか？　それは本当ですか？　実はそれ、二番目・三番目と違いますか？

もっと、自分に正直になりましょうよ。

確かに私も海外旅行は好きだし、もう既に三〇回も行っている。これからも行ってみたい国は数多くある。スポーツも大好きで、毎週テニスをやっている。近々スキーも再開したいと思っている。でも、他にないだろうか？

もし、ある程度お金に余裕があるのなら……。

若くて美しい女性と楽しくランチをし、街中を手をつないで一緒にお散歩できたら？　ホテルの高層階のレストランで、夜景を見ながらディナーを楽しみ、その後しゃれたバーで、自分はブランデーのオンザロック、女性はカクテル。ひょっとしたら、その先も……。これがやりたいことのトップに来ませんか？　私はただただ自分に正直な人間である。特別スケベオヤジではないし、若い頃にモテた経験もないし、ホストなどの経験も一切ない。要するに、まじめに生きてきた普通のおじさんである。

ねえ、ちょっとちょっと、そこのまじめな（勿論、いい意味で）おじさん、ドキドキしましょうよ。それが本物の恋でなくてもOK。疑似恋愛だあ？　それ偽物？　ほう、上等じゃないか！　じゃあ、例のテーマパークはどうなのよ。インチキ夢の国か？　そんなことはない。真の夢の国ということでいいじゃないか。そのガールフレンドとデートしている時は、わずか数時間であっても、我々に夢を見させてくれるのである。

我々生物にとって最も大切なものは？

それは「生存と生殖」である。

戦乱の世に生きてはいない現代の日本人にとって、「生存」については、とりあえずあまり考慮する必要はないだろう。だとすれば、「生殖」こそが最も大切ということになる。にもかかわらず、セックスをタブー視したりするのは如何なものか。素敵な異性を見つけたら、積極的にセックスすべきである。なお、ここではLGBTの話はしない。私は同性には興味がない。「あんた、遅れてる～」と言われるかもしれないが、ごめんなさい。

大人になってからの楽しみって何？

子供の頃抱いていた大きな疑問……小学生の頃の私は、毎日思いっきり遊んでいて楽しかったのだが、大人になったら何か楽しいことはあるんだろうか？
私は中学生になって初めて知った。それは、セックス。この世にこんな楽しいことがあるんだ。人間として、これを享受しない手はない。決まった配偶者がいないのなら、大好きな多くの異性とセックスしましょう！　それが無理なら、せめてハグ・キスだけでも。罪悪感は不要である。

このあたりでまた余談を一つ。全国には結婚相談所なるものが数多く存在する。そこにはある奇妙なルールがある。それは、「成婚するまでは肉体関係NG」というものである。これは恐らく、男性会員による所謂「ヤリ逃げ」防止のためだと推察するのだが、これは私の考えとは真逆である。もし私が結婚相談所を運営するのであれば、「三〜五回目のデートで（双方合意のうえ）必ずヤってください」という暗黙のルールを作るであろう。セックスもしないで、一体相手の何が分かるというのだろう？　特に女性の場合、セックスをしない限り、相手の男性を本当には好きにならないし、そもそもその男性に生殖能力が備わっているかどうかの判断ができないではないか。私は三〇代前半に、ある有名デパートに務めていたバツイチ女性とお付き合いしていた。

元夫は、実はマザコンの勃起不全（ＥＤ）であった。彼は新婚初夜から、毎日のように泥酔して帰宅した。これは自分の不能を隠すためのカムフラージュであったのだ。程なくして、彼女は離婚した。暴論かもしれないが、大人の女性として「ヤリ逃げ」も知っておいた方がいいと思う。これにより、男性を見る目も肥えてくるだろう。

第3章

パパ活の流儀

「パパ」として大切なこと

〈一〉ケチらない

あるガールフレンドが話してくれた。ある男性に四万五千円でどうかと聞かれ、かなり少ないと感じたが、当時とてもお金に困っていたため、一応ＯＫした。そして、何度かデートを重ねていった。ある日のデート時のエピソード。五万円を渡されて、今日は多めにくれたのかと思いきや、五千円お釣りをくれと言われたそう。また、こんな話もしてくれた。いつもはデート時間が四時間くらいなのだが、今回は三時間だった（男性の都合）ので、減額された。もっと面白いのは、領収証が欲しいばっかりに、ある時から、現金から商品券（全国共通デパート券）に代わってしまったというお話。百歩譲ってそれは仕方ないとしても、その分少し多めに渡すとか、考えないものか？

六〇歳を超えれば、最も大切なものはお金となる。余談だが、人生で最も大切なものは……。確か私の私淑《ししゅく》するロバート・キヨサキ著『金持ち父さん貧乏父さん』シリーズのどこかに書いてあったと記憶している。激しく同意！

　～二〇歳：家族（親）
二〇歳～四〇歳：パートナー
四〇歳～六〇歳：仕事
六〇歳～　　：お金

　またまた余談だが、私は今六〇歳を超えて六五歳になった。この歳になって、真の友人というものについて考えることがある。そう呼べる友人が二、三人いるのだが、もし彼らが「三日以内に百万円貸してくれ」と言ったとする。私は即決で貸すだろう。いや、何ならあげてしまってもかまわない。逆もまた真である。聞いてみたことはないが、恐らく彼らもすぐに私に百万円貸してくれるだろう。私はこれをして、「真の友人関係」と呼ぶことにしている。ケチな男にパパになる資格はない！

〈二〉常に紳士でいる

お相手がフーゾク嬢の場合、店内での最初の出会いは特に注意が必要。でも、濃厚プレイは問題なし。大切なのは、その前後である。ホテルに入ってもガツガツしない。ゆっくりお話しましょう。

〈三〉お互いの距離感を大切に

お相手が最も心配するのは、こちらがガチ恋になること。このおじさん、いずれストーカー化しないかな？　実際にストーカー化した男性に悩まされた女性の事例は後述する。「綺麗に」遊びましょう。

㊀　LINE・メールは事務連絡としてのみ使用する。

㊁　デートする頻度は月一がベスト。それ以上になると重たくなり、長くは続きづらい。

㊂　一回のデートの時間は四時間～四時間半程度が良い。「食事（ランチorディナー）二時間＋ホテル二時間＋α（移動時間など）」これ以上引っ張ると、女性側にまた会いたいと思ってもらうインセンティブがなくなる。

㊃ ガールフレンドは同時進行で複数人にすべき。これによりこちらに余裕感が生まれ、それがお相手にも自然に伝わる。そして、他にもガールフレンドがいることを他のガールフレンドに話しておく。そうすることでガチ恋の不安が解消され、なおかつこの男性はモテる（つまり、優秀な遺伝子を持ち合わせている）と思わせることができる。私の場合は常時三〜五人にしている。

〈四〉お口を綺麗に

よく言われるように、「身だしなみ」「清潔感」は大切だが、特にお口を清潔に保つことは大切。口臭がきつかったら、一発でアウト！　定期的に歯医者に通い、歯周病のチェック・ケアをしてもらう。恋人気分を感じたいのであれば、キスが最も大切である。セックス・フェ〇だけでは寂しいでしょ？

私は歯に約四〇〇万円ほど投資している。インプラントで、五〇万円／一本×四本＝二〇〇万円。ジルコニアで、一六万円／一本×七本＝一一二万円。ベニヤで、五万円／一本×一二本＝六〇万円。合計三七二万円となるが、ベニヤは何度か少しずつより白いものに入れ替えているので、ざっと四〇〇万円は下らないと思う。

因みに、一〇年以上前から欲しいと思っている車がある。その車の価格はおよそ四百万円。でも、買わない。代わりに歯を綺麗にしている。今の車は、もう既に二〇年以上乗っている。

余談だが、私のテニス関係の友人で、東京のＪＲ中央線沿線の豪邸に住んでいる男性がいる。彼はＰという有名な高級外車にも乗っている。彼はその家と車が自慢で、フーゾクで見つけた可愛い娘を家に呼び、ドライブデートをしている。でも、実は彼の歯はガタガタで黄ばんでいるのである。彼とお話する時には、その不潔そうで醜い歯が気になってしまい、どうしてもこちらの目がその口にいってしまう。彼の豪邸と高級外車を併せたら、その資産価値はおそらく三〜四億円くらいだろう。その数パーセントでも、歯の治療・矯正・ホワイトニングに充てればいいのにと思う。その可愛いフーゾク嬢も気にしているはずである。

歯に対する審美意識が高まると、他の部分にも良き美意識が波及するというのは不思議な現象である。「身だしなみ」などについては、ここで詳しくは触れないが、私は結婚した頃に、著名なカラーコーディネーターに見てもらったことがある。ガールフレンドは、時折私のファッションセンスを褒めてくれる。ただしそれは、自分が自分に似合う服装をしている、というだけのことであるが……。

〈五〉楽しくお話する

食事中のお話が楽しくなければ、長くは続かない。これまでで、私と一番長く続いたガールフレンドは、特別な美人でもなく、ナイスバディという訳でもなく、二〇歳の女子大生でもなく、エキゾチックな金髪外国人でもない。お話好きな三九歳の知的な女性だった。よく、男性は聞き上手になって、お相手の話をよく聞いてあげなさい、といわれる。

でも、それだけでは不十分。常日頃からネタを仕入れ、自分なりに咀嚼・アレンジして、それを自分の引き出し

に保管しておく。デートの前日には、相手の娘の興味を引きそうなネタを二、三用意しておく。数人に同じネタを話すうちに、徐々にこなれてきて、自分の鉄板ネタになっていく。同時並行で数人の女性とお付き合いしているとよくあるのが、誰に何を話したのか分からなくなること。でも、気にすることはない。面白い話は、何度聞いても面白いのである。「あっ、それこの間聞きました」などと言って、場がしらけることはない。

私を含め、一三人のパパがいる女性（後述）は、うち八人は二時間ほどラブホテルで会って、セックスするだけだそう。つまり、「ラブホテル待合せ、ラブホテル解散」文字通り、お金だけでつながった、ザッツ「パパ活」といったところ。男性が既婚者だったりすれば、四、五時間の確保が難しく仕方がないのかもしれないが、もしあなたが自由の身（独身やバツイチ）であれば、もう少し時間的余裕があるだろう。ならば、その時間をうまく活用し、ほんの少しでいいので、「心と心が通い合う」感覚を掴んでほしい。いってみれば、これこそがパパ活の醍醐味だと思う。

私は「疑似恋愛」という言葉はあまり好きではない。これを、「本当の恋愛」と思えばいいじゃないか。思い切り、そして心底「勘違い」するのである。騙し騙されればいいじゃないか？

本物の恋って、なんじゃらほい？

「勘違い」も三年、五年続いたら、それこそが真の恋愛なのかもしれない。アガサ・クリスティは、「人々は騙されたがっている」とも言っている。どうして人は、お金を払ってマジックショーを見に行くのか？　よくよく考えてみれば、騙されて大喜びするバカがどこにいる？　となるのだが……。話がぶっ飛んでしまうが、アドルフ・ヒトラーは、その著書『我が闘争』（国家社会主義ドイツ労働者党、1925年）の中で、興味深いことを言っている。「大衆は、小さな嘘より大きな嘘に騙されやすい」

〈六〉格下扱いされないように

舐められたら搾取されるだけ。「紀州の○○」が奥さんに殺害された（?）のは、甘く見られたからだろう。もし彼が流暢なフランス語が話せたり、軽くストリートピアノが弾けたら、尊敬されこそすれ、殺される（?）ことはなかっただろう。

〈七〉ベクトルが女性に向いていないこと

バンドマンがどうしてモテるのか？　それは、彼らの心のど真ん中に女性がいないことである。あくまでも、彼らにとってガールフレンドは、「時間があれば会ってやってもいい」くらいの存在である。ただし、実際には○○ちゃん命、と思っていたとしても、その態度をおくびにも出してはいけない。

〈八〉定期的な性病検査とその予防

ある日、性病の検査をしに病院に行った。

先生：「ＨＩＶ・梅毒・Ｂ型肝炎・Ｃ型肝炎の四点セットです。今、どんな症状ですか？」
私：「いえ、特に何の症状もありません」
先生：「えっ、症状がないのに来たの？」
私：「だめですか？」
先生：「だめじゃないけど、全額自費になりますよ」

私：「それは構わないので、お願いします」
先生：「一万七千円ほどかかっちゃうけど……」
私：「それで結構です」
先生：「ところで、あなたお酒は飲みますか？」
私：「はい、ほぼ毎日飲んでいます」
先生：「それじゃあ、肝臓が心配でしょう？　いや、あなた、肝臓の調子が悪いんでしょ？　うん、そうに違いない！」
私：「そそ、実はそうなんです！」
先生：「そういうことなら、B・C型肝炎は保険適用になります。総額は七千円で済みそうですね〜」

数日後に、結果をもらいに行ってきた。とてもドキドキしたが、全て陰性で、ホッとした。

私：「今後は三か月ごとくらいに検査すればいいでしょうか？」
先生：「えっ、そんなに頻繁にやらなくても。まぁ、半年に一度で十分ですよ」

そんな訳で、半年に一度は検査しているが、美容整形手術の前には必ず性病検査も受けるので、その前後には検査はしない。相手の女性には、直近の検査結果を必ず見せることにしている。そこには勿論本名が書かれているので、ダブルで信頼してもらえる。

ところで、ＨＩＶは、九九％予防が可能だということをご存じだろうか？　実は、フーゾク嬢もほとんど知らない。私はノースキン（ＮＳ）のお店で働く娘には、必ず教えてあげている。ある製薬会社の抗ＨＩＶ薬を、行為の前後に服用すれば、ほぼ感染を防ぐことができる。私はノースキンでセックスする場合には、必ずこの錠剤を服用している。

余談だが、私はこれまでに国内外を含め約二五〇人（きちんと数えたことはないので、正確には不明）の女性と交わってきたが、一度も性病に罹ったことがない。海外では、必ずコンドームを装着するし、国内では、信頼できる娘としかノースキンではヤらない。「ん？　この娘ってどうなんだろう」と思ったら、キスもしない。勿体ないとか、サンクコストとかは一切考えない。

以上をまとめると

「いつも上品に振舞い、上手にお金を使うこと」……これに尽きる。私は多くの女性とかかわってきたが、これまでに大きなトラブルはなかった。どの女性に対しても、常に誠意を持って接してきたからだと思う。セックスの最中は、相手が喜ぶのであれば、どんなに激しくてもかまわないが、その前後は中高年男性としての品位を示そう。何から何までお姫様扱いしてあげよう。ホテルに入ったら、まず彼女の靴を揃えてあげる。次に上着を受け取って、ハンガーに掛けてあげる。初ホテルの場合には、女性はこれだけで安心してくれる。くれぐれも、いきなり襲い掛からないように……。フィニッシュしたら、まずティッシュペーパーを五、六枚取って渡してあげる。まだ体がほてっているので、掛布団は暑すぎる。なので、バスタオルを掛けてあげる。やや高級のホテルであれば、四枚の備え付けがあるので、未使用のバスタオルを使用する。バスローブがあれば、それも良し。少し喉が渇くので、冷蔵庫から飲み物を取ってきて、ふたを開けて（ここが大切）渡してあげる。部屋から出る際には、掛布団を整理し、バスタオルをたたみ、飲み物の残りは洗面室で空け、歯ブラシなどのゴミはゴミ箱へ。女性はホントに、細かいところまで見てますよ。ここまですれば、女性の方から「次はいつ会えますか？」と聞いてくる。男性の品位・品格は努力次第である程度身につけることができる。「自分は育ちが良くないから」などと言い訳は言ってはいけない。私は貴族出身でもないし、金持ちの両親の下で育った訳でもない。

例によって余談だが、学生時代に評論家の竹村健一が書いたある本を読んだ。その本の中に、「気を使うな、頭を使え！」という行があった。私は特に対女性において、このフレーズを大切にしている。両者の違いを説明するのは難しいのだが……。ただ、少なくとも、いつも頭を使っている意識でいると、「私はあなたに気を使っていますよ」的なわざとらしさはなくなり、自然な行為となる。

人間的な魅力だけで、大人の関係にまで持っていけるのか？

同僚の不動産鑑定士の友人に、私がパパ活をしている話をしたら、「そんなのは、本当の恋愛とはいえない。お金を介さないで、人間的な魅力だけで勝負しなきゃだめだ」と言っていた。ありえない！

「おい、それなら、お前がやってみろよ。是非、俺に見本を見せてくれ」と言った。私はこの歳でもスポーツが得意で、スキーでは海外でも通用する資格を持っているし、学生時代にはダンスで優勝経験もあるし、楽器演奏もできてライブにも出演しているし、外国語もできるし、一応高学歴・高身長だし、本も書いているし、三大国家資格の一つといわれるものも持っているし、話題はそこそこ豊富だし……。

「確かにお前は、俺と同じ国家資格を持っているし、身長も俺より少し高いかもしれない。でも、お前はそれ以外に男として何の魅力もないじゃないか？　よくもそんなスペックで、この俺に説教ができるな～。ふざけんなよ」

私はガン切れした。若くて綺麗なガールフレンドが何人もいる私に嫉妬しているだけなのは間違いないのだが、それでも腹が立った。お手当も渡さずに、綺麗な二〇歳の女性が六五歳のジジイとセックスしてくれるだろうか？

例えば、お相手が有名な芸能人や世界的なスポーツ選手やノーベル賞受賞者であっても、食事代・ホテル代は割り勘、誕生日のプレゼントなし、お手当ゼロだったらどうだろう……？　女性にとって大事なのは、自分にどれだけお金をかけてくれるかである。それが現金かどうかは分からないが、彼らが若くて綺麗な女性に大金を使っているのは、ほぼ間違いない。

おじさんの魅力は何と言っても「お金」である。良い悪いはよく分からない。どうして孫がおじいちゃんのところへ遊びに来るのか？　↓お小遣いをもらえるから！

若くて綺麗な女性が私とデートしてくれるのは、ぶっちゃけ自分にお金を使ってくれるから。自分の魅力は「お金」だけと認識している。多くのガールフレンドが「話が面白い、普段行けないようなレストランや劇場に連れていってくれる、ベッドで満足させてくれる」などと言ってくれる（ほぼお世辞）が、何を言われようと勘違いをしないように、この私にあるのは「お金」だけと自分に言い聞かせている。

皆さん、想像してみて。もし、大谷翔平や福山雅治やキムタクと食事して、割り勘だったらどうだろう？　タクシー代をくれなかったら？

もし自分がそれなりに美人だとか可愛らしいとかの自信があれば、たとえ相手が有名人でも超イケメンでも、フレンチレストランで数万円を負担しますか？　まあ、話のネタとして、一回はありかも。きれいごとはもうやめましょう。

話は変わるが、婚活市場において、男性側がどこまで若い女性に申し込みが可能か、という議論がある。そこで、よくいわれるのが、「年収÷一〇〇万円」というものである。つまり、例えば、男性の年収が七〇〇万円の場合には「七〇〇万円÷一〇〇万円＝七」となるので、七歳下まで可能。つまり、三二歳の男性なら、二五歳の女性まではオファーを受けてくれる（やや過大評価し過ぎかも？）、というもの。結局のところ、年齢差を埋めるのはお金しかない。これは、パパ活市場においても同じである。こちらが余程不潔でもない限り、都度二〇万円払うと言えば、超美人でもまず断られることはない。

勃つことがどれほど大切か

前著『五五歳からの青春~独身・バツイチのあなたも海外で~』において、ほぼ勃起不全（ED）に陥った五〇歳代の男性がいかにして「勃ち」直っていったのか、というのが裏のテーマとなっている。若くて綺麗な女性にアタックする勇気が持てない男性は、自分はもう「勃たない」或いは「勃たないかもしれない」という不安が原因ではないだろうか？

もし、「いざそのとき」に「だめ」だったら……。八〇歳を超えれば諦めてもいいが、六〇、七〇歳で諦めるのはまだ早い。女性と肌を合わせる時に、勃つと勃たないとでは、お互いの喜びの度合いが全く違う。私は四〇歳半ば~五五歳までED状態だったが、六五歳の現在はほぼ毎日朝勃ちがあるほど元気である。この両者の差がどれほどのものかは、身に染みて体験している。仮に勃たないとしても、若くて美しい女性と裸で抱き合うだけでも、ステキなことであろう。しかし、しかし、である。それは最初から勝負を諦めたスポーツ選手のようである。野球やサッカーの試合で、たとえ負けても楽しく試合ができればいい、一生懸命にプレーすること自体が尊い？？　中イキする娘は少ないものの、挿入することによる一体感は、何物にも代えがたい崇高なものである。フェ〇や手コ〇でイカされた時と、挿入してフィニッシュした時の大きな違い……。セックスをして両者が合体した後、その相手に特別な感情を抱くようになるのはこの私だけだろうか？　お金と同様、きれいごとはもうやめましょうよ！

ほぼED状態になっているあなたには、拙著の後半の、タイ・フィリピンでの実体験をよく読んでほしい。原因のほとんどは精神的なものである。若くて綺麗で素敵な女性と数多く接していくうちに、EDはやがて解消される。ただ、少しでも「固く」「長時間」「複数回」というのであれば、私が日々行っていることを、ここで伝授させていただくので、ご参考にされたい。

㈠　週末はフィットネスクラブに通う。
㈡　フィットネスクラブに行かない日は、自宅でスクワット三〇回、腹筋運動三〇回。
㈢　肛門の括約筋の運動（適宜）。
㈣　間食はしない。

㊄ＡＶは見ない、オナ◯ーはしない、射精は必ず女性相手にやる。

㊅一日八時間の睡眠。

㊆喫煙しない　ただし、お酒は好きなので、ほぼ毎日飲んでいる。

㊇勃起できそうな女性としかホテルには行かない。もし女性を前にして勃起しなかったら、トラウマになる。

㊈日々のサプリメント摂取……シトルリン配合の精力剤や指定医療部外品の精力剤、専門医監修・特許成分配合の精力剤など。

㊉行為の三、四時間前にＥＤ治療薬を服用……シリアス系、レビトラ系、バイアグラ系等の治療薬を個人で入手。

⑪アミノ酸の一種であるＥＤサプリ（ドリンク剤）……行為の直前に服用する。

人それぞれに、体質・体力・生活リズムが異なるので、あくまでも参考程度にしてほしい。でも、これらの一部だけでも取り入れていただきたい。六五歳で勃つなら、男としてこの世の中に怖いものなし！

第4章

ガールフレンドと出会うには

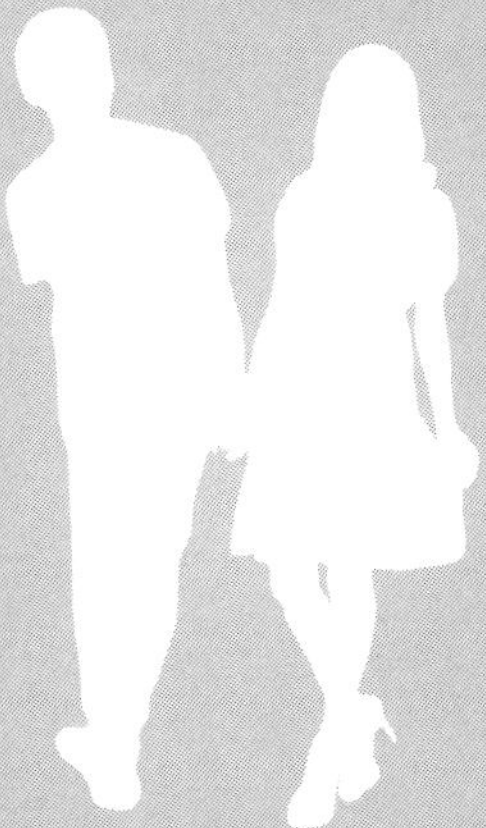

六〇歳のおじさんが美女とお付き合いするには

〈一〉趣味（スポーツ・音楽関係）

オバサン・普通の女性でも良ければここでOK。しかし、若くて綺麗な娘はなかなか見つからない。しかも、二人きりのデートまで持っていけるのか？

〈二〉クラブ・キャバクラ・ラウンジ・ガールズバー・スナック

金と時間がかかる割には、食事デートまでが関の山。ただし、外国人を使っている一部のクラブでは「お持ち帰り」が前提となっているため、日本人でなくてもよければ、比較的安く見つけられる。

〈三〉出会いカフェ

安くていいのだが、正直言ってヘンな娘が多いし、長くは続かない。

〈四〉マッチングアプリ

危ない出会いばかり。三か月ほどやって、二人の女性と会ったが、身元があやふやで、すぐにやめた。

〈五〉フーゾク（デリヘル・ソープランドなど）

所謂「裏引き」にはなるが、高級店なら美人が揃っているし、紳士的に対応し条件次第ではOKになりやすい。

〈六〉交際クラブ

初めから、お互いが一対一のお付き合いを望んでいる。数多くの女性が在籍しており、パネマジなしの数枚の写真・動画が見られて、スタッフの率直なコメントもあり、身元もしっかりしており、最もお勧め。

ガールフレンドの見つけ方・その一　フーゾクなら

数々の失敗の末に、最初にたどり着いたのが前述〈五〉のフーゾクである。繰り返すが、同年代の女性が好きとか、特別可愛らしかったり、綺麗でなくてもいいというのであれば、それこそどこにいても見つかる。中には美人が苦手という男性もいる。美人と一緒にいると落ち着かないとか。これはあくまでもその人の好みの問題なので、自分に合ったフィールドで活動すればいいと思う。もし、外見レベルが概ね上位一〇パーセントの女性と深い関係にまでなりたいというのであれば、ターゲットはまず、風水となる。ただ、お水系はお金と時間ばかりかかって、最終的にはほぼうまくいかないので、即却下。

以下はフーゾク嬢の話である。繰り返すが、フーゾク嬢なんて下品だとか、カネしか頭にないだとか、心が貧しそうだとかの偏見は捨ててほしい。数十年前ならそういう女性も多かったのかもしれないが、現在はそんなことはない。いい意味で普通の娘である。私は離婚した五五歳まで、正直フーゾク嬢には偏見を抱いていた。私はこれまでに、格安店・大衆店・中級店・高級店・超高級店、全てのランクのフーゾク店（主にソープランド）で遊んでみた。確かに、中級店以下になると、ちょっとおかしな娘も多い。でも、高級店・超高級店になると、むしろ一般ＯＬよりもしっかりとした娘が多い印象である。常識をわきまえており、育ちも性格も良く、品が良い。ＧＭＡＲＣＨに属する大学生や、中にはバイオリニストもいた。高級ソープ店だと、一二〇分で六万円以上の金額となるが、とにかく一度経験してみていただきたい。こんな素敵な娘と、普通に街中を一緒に手をつないで歩いてみたいと思いませんか？　特に何をするでもなく、ただお散歩するのである。ぶっちゃけ、セックスよりも楽しい。

以下、具体的にソープ嬢へのアタック方法をお話ししたいと思う。ただし、これは通常どのお店でも「裏引き」といって禁止されている行為なので、あくまで自己責任でお願いしたい。くれぐれも、これを機にお店を辞めさせるだの、出勤日をずらしてもらうだの、ということはおやめいただきたい。たまたま空いている日の半日くらいを自分に割いてもらう、という感覚である。普段大変なお仕事をしている訳だから、自分はその癒しになってあげる、というくらいのスタンスでいるべきである。そうでないと長続きはしない。一二〇分で総額六万円のお店で一日四人接客すると、一日の売上は二四万円。その約三分の二が嬢の取り分なので、現金一六万円を持って帰ることになる。八時間働いているので、時給としては約二万円である。一二〇分で総額八万円のお店だったり、人気嬢だったりすれば、軽く時給二万五千円を超える娘もいる。仮にデートの時間が四時間（食事二時間＋ホテル二時間）だとすれば、お手当は八～一〇万円という計算になる。彼女たちにとって、私たちに会うメリットとデメリットは次の通り。

メリット㈠　中間搾取がない。
メリット㈡　無税（この収入は誰も知らない）。
メリット㈢　予め相手が分かっているので、ストレスがない。
メリット㈣　いいパパに出会えれば、楽しいデートができる。

デメリット㈠ お手当をもらいそびれる恐れがある（ヤリ逃げ）。
デメリット㈡ 男性がストーカーになるかも？
デメリット㈢ 裏引きがお店にばれる恐れがある。

嬢は、メリットについてはともかく、主にデメリットの方を考えている。ソープランドの場合、廊下やエレベーター前でまず「ご対面」。この娘を誘うか否かは、私の場合もうこの瞬間にほぼ決めてしまう。部屋に入ったら、まず封筒に入れたチップ（○千円入り、□様と宛名書き）を渡す。それから、性病の検査結果をお見せする。特にNS店の場合、嬢は安心してくれる。高級ソープの場合、『即即』といって、シャワーを浴びずに、いきなりおっぱじまるのだが、それをちょっとだけ遮り他愛のないお話を……。キスはまだしない。まずは手に触れる。手の甲にキス。立ってハグ。髪を撫でる。

「触られて嫌なところある？」

フレンチキス。脱がせてあげて、上半身全体をソフトタッチ。ベッドに腰掛ける。何も言わなくてもフェ○が始まる。「元気」になって、○○。フィニッシュしたら、「とても良かったよ、ありがとネー」。ここで、飲み物のサービスがある。このタイミングで、「お誘い」する。

私：「実は、今日は楽しく遊ぼうというよりは、お友達を探しに来たのよ」

嬢：「えっ、どういうことですか？」

私：「今俺、ガールフレンドが三人いるんだけど、もう一人欲しくて……」

（他にもガールフレンドがいることを話すと、少し安心してくれる）

嬢：「ふ〜ん」

私：「〇〇ちゃんって、すごく品があって素敵なので、外でお会いしたいのよ。ランチして、その後ホテルということで、四時間くらいお相手していただけないかな？」

嬢：「たまにそういうお誘いを受けるけど、みんなお断りしているの。お店からもNGって言われてるし。でも、〇〇さんならOKしてもいいかな？　信用できそうだし……」

私：「ありがとう。じゃあ、LINEの交換しましょう。下の名前（本名）は何ていうの？」

嬢：「△△よ」

私：「来月のどこかの週末で出勤しない日があれば、そこに合わせるので、後で教えてね。新宿・渋谷あたりでお会いしましょう」

だいたいこんな会話になることが多い。因みに私は同じ嬢のところに何度も通うことはしない。何度も通って誠意を見せて、みたいなキャバクラでやるようなことはしない。何千人も相手してきた嬢なら、目の前の男性が信用できそうか否か、出会って数分で判断できる。私の場合、フーゾクは「遊びに行くところ」ではなく、「出会いの場」だという認識である。

ところで、高級店の場合、一般的に三枠（三六〇分）続けて確保すれば、嬢との外出がＯＫとなる。でも、私はそれはやらない。確かに、デート気分は味わえるかもしれないが、それでは「二人だけの空間」を享受したことにはならない。所詮、お客とキャストという関係が長時間続いただけのことである。心と心が通い合うことはない。

「お誘い」は必ず、初めて出会った時にしているのだが、「YES」を即答してくれないことがある。はっきりと「NO」と言われれば、もうそれでおしまいで分かりやすいのだが、「あなたのことがまだよく分からないので、もう一度お店に来てほしい」と言われることが何度かあった。それで、二、三回通ったことがあるのだが、結果は全て「NO」であった。恐らく、最初から「NO」を決めていて、何度もお店に通わせたかったのだろう。基本的に私は同じフーゾク嬢とお店で二度以上遊ぶことはしない。あまり気に入らなかった場合はそれっきりだし、気に入った場合には「お誘い」するし……。

ただ、これまでに一人だけ変わったケースがあった。「フィオーレ」（高級店、一二〇分で六万円）という吉原のソープ店で出会った娘。風水は初めての経験で、いきなりNSのソープ嬢へ。『キャバクラ→デリヘル→ソープ』というパターンが多いが、時々こういう娘にも出くわす。

名前は佐々木真由美さん、札幌市出身で、昼職は品川のホテルのスタッフ。同ホテル内に同郷の彼氏がいる。近いうちに一緒に帰郷して結婚したいとのこと。身長は一六六㎝あり、Ｅカップだがスレンダー体系で、中高とバスケットボールをやっていた。とても性格が良く、お店のスタッフのコメントでも、

「他のキャストさんには申し訳ないけど、性格の良さはこの娘がダントツ」

外見・仕草・話し方・繊細さ・雰囲気、どれをとってもステキ。「フーゾク嬢には絶対にいないタイプの典型」といえば分かりやすいかもしれない。初めてお店でお会いした時は、何と一二〇分間お話だけで終わってしまった。彼女も気遣ってくれて、残り二〇分くらいになってから、「今日は、何もしなくていいんですか？」と聞いてきたので、「じゃあ、キスだけお願いしてもいいですか？」と言って、少しだけキスをした。そして、最後に「お誘い」をしてみた。

真由美さん：「私、お店のスタッフさんに守られてるから、ここで安心して仕事してるんです。何かあれば、すぐに助けてもらえるし……。近くに誰かいてくれないと、不安で仕方ないんです。だから、デリヘル嬢はできないんです。このお店は三枠確保してくれれば、外出もＯＫだけど、私怖くて

それもできないんです」
私：「分かりました。二人きりになると、私が怖いですか？」
真由美さん：「はい、そうなんです。ごめんなさい」
私：「じゃあ、何度か通ってもう少し私を知ってもらった方がいいよね」
真由美さん：「はい、そうしていただけたら、少し変わるかもしれません」

ということで、その後三回（することはした）、都合四回通った。以下、四回目から
LINEのやり取り。

一二時三八分　私：「一四時から一二〇分で予約が取れました。一日早かったのですが、受けてくれました。よろしくねー」
一九時三九分　真由美さん：「連絡ありがとうございます。二四日お会い出来るのを楽しみにしていますね」

（七日後）

八時三〇分　私：「真由美さん、おはようございます。今日はよろしくねー」

一〇時七分　真由美さん：「おはようございます。こちらこそ今日はよろしくお願いします。では後ほど」

一六時三〇分　私：「真由美さん、先程はお世話になりました。本当にあっという間でしたね。もし、『その気』がありでしたら、ご連絡くださいー」

（翌日）

二一時三二分　真由美さん：「昨日はありがとうございました。久々にお会い出来て嬉しかったし、あっという間の時間でした！」

二一時三三分　真由美さん：「来月以降にプライベートで会えたらと思っているので、これからもよろしくお願いします」

二一時四七分　私：「真由美さん、こんばんはー。レス、とても嬉しいです。普段私は、毎週いろいろな女性にお会いして癒されているのですが、いつも頑張っている真由美さんに対しては、私が少しでも癒してあげられたらと思っています。とは言っても、何もできませんけどネー。
また、ご連絡します」

（二日後）
二二時四九分　私：「真由美さん、こんばんは。一四日（金）か一五日（土）あたりにお会いできますか？」
二三時五分　真由美さん：「こんばんは。一四日と一五日は仕事があって休めそうにないので、一六日か一七日は難しいですか？」
二三時二三分　私：「一六日（日）なら都合がつきますよ。一一時頃に新宿駅待合せとかでは如何？」
二三時二五分　真由美さん：「分かりました。一六日の一一時くらいに新宿駅待ち合わせで大丈夫です」
二三時二七分　私：「真由美さんは、お寿司はお好きですか？　良かったら、予約しておきますが……。」

（翌日）
零時一二分　真由美さん：「お寿司大好きです。予約お願いしても良いですか？」
零時一四分　私：「スタンプ」

（一七日後）
九時五九分　私：「真由美さん、おはようございますー。元気にしてますか？　明日は、一一時三〇分に予約をしてあります。なので、一一時二〇分にJR新宿駅『東口改札』待ち合わせでいいですか？」
一六時二九分　真由美さん：「こんにちは。お久しぶりです。分かりました。一一時二〇分に新宿駅の東口改札に向かいます！　明日はよろしくお願いします」

（翌日）

八時一〇分　私：「おはようございますー」

九時三二分　真由美さん：「ごめんなさい。やっぱり外で会うのは私には出来なそうだし、不安や恐怖が勝ってしまうので難しいです。本当にごめんなさい」

九時三四分　私：「分かりました。元気でね」（未読のまま）

私の性格は所謂『ソフト一〇〇％』である。実はコレ、三七歳の時、著名なカラーコーディネーターに言われた言葉である。優しそう、ガツガツしていない、威張らない、自慢しない、ハッタリをかまさない、怒らない、相手の言うことを否定しない、紳士的に見える（あくまで、そう見えるだけか？）……。女性に声をかけると、ＹＥＳをもらいやすい得な性格である。余談であるが、これらの性格は会社員としては全てマイナスに働く。実は、私が会社を辞めた一要因はコレである。

ガールフレンドの見つけ方・その二　交際クラブなら

私が最もお勧めしたいのは、前述〈六〉の交際クラブである。私はこれまで毎月多額の養育費を支払っていたが、自分が六二歳の三月末（息子の大学卒業時）にようやくその支払いが終わった。そして、これを機に交際クラブに入会した。三つのクラブの担当者と面談し、某クラブに入会を決めた。

交際クラブを理解するにあたっては、把握すべきことが三つある。これは、私の所属する交際クラブの例だが、他も概ねこんな区分けになっている。

〈一〉交際タイプ

女性はパパとどんな交際を望むか、以下の五つのタイプから選択できる。

Aタイプ【お食事デート】

基本的にお茶やお食事のデートを希望。肉体関係を含む交際は希望しない。
B一タイプ【ゆっくり】
複数回デートをしてお互いのフィーリングが合えば交際に発展する可能性がある。
B二タイプ【二回目から】
初回はお食事だけ。二回目から交際に発展する可能性がある。
Cタイプ【フィーリング次第】
初日からお互いのフィーリングが合えば、交際に発展する可能性がある。
Dタイプ【積極的】
初日からスマートにお誘いすれば、交際に発展する可能性がある。

私はお相手がCやDタイプであっても、最近は初日はランチのみと決めている。お会いした後に自分の頭を一度クールダウンさせたいのと、ギラギラしたおじさんだと思われたくないからである。「あれっ、ホテル行かないの?」くらいがちょうどいい。

〈二〉女性のランク（格付け）

女性は上から順に、ブラック・プラチナ・ゴールド・スタンダードの四ランク。主に面接担当者が決める。ただし、本人には知らせない。これはもう、本当にシビアな話である。

〈三〉男性のランク（格付け）

女性と同じように上から順に、ブラック・プラチナ・ゴールド・スタンダードの四ランク。男性の場合は、クラブ側にいくら入会金などを支払うかで決まる。

男性会員は、ネットで女性全員のプロフィール写真（五、六枚）、動画（二、三本）、本人及びスタッフのコメントを見ることができる。ただし、オファーできるのは自分と同ランクかそれ以下に限られる。スタッフのコメントは、言い点も悪い点も率直なものとなっているので、信頼が置ける。たとえどんな女性であっても、身元がしっかりしているし、大衆フーゾク店のようにパネマジもないので、ほぼ不安もない。紹介料としてクラブ側に支払うのは、ブラック一〇万円、プラチナ五万円、ゴールド三万円、スタンダード二万円である(税別)。男性会員のプロフィール(自己紹介文及び写真一・二枚)は、希望する場合にだけ女性会員に公開される。なお、公開している男性会員は全体の三割くらいだそう。会員の男女比は一対三で、圧倒的に女性が多いということもあり、オファーが断られることはほぼないと思う(他の男性のことは分からないが)。ただし、日程がうまく合わないとかはあるが、それは調整次第でどうにでもなる。

当クラブでは「東京だけで日々約三〇人の入会希望女性(女性は入会金なし)がいる」そうである。なお、「そのうち約一、二割が不採用になる」と言っていた。勿論、自分の好みの女性にオファーすればいいのだが、やはり人気の職業というのがあるそうだ。CA、秘書、看護師などである。また、清楚系や高学歴な女性も人気とのこと。

なお、逆ナンもOKである。正式なオファーは男性からしかできないのだが、女性の方から男性にメッセージを送ることができる。私もたまにいただくのだが、率直に嬉しいものである。実際にも、このメッセージが気に入り、オファーしたことがある。

入会金は、スタンダードクラスの場合、年間三万円(次年以降は二万円、税別)なので、まずはここから始めてみてはどうだろうか？　キャバ嬢やラウンジ嬢相手に、デートまでこぎつけるのに、一体どれくらい投資すればいいだろう？

数十万円と数か月と多大な労力と……。

交際クラブの女性たちは、我々とデートすることを前提としている訳だから、話は早い。それに、数千人（数万人かな？）の会員の中から探せば、必ず自分の好みの女性に行きつく。これを利用しない手はない。是非、明日にでも入会しましょう！　なお、私は決して交際クラブからの回し者ではありません（笑）。

第5章

美女と私　あの頃、私はパパ活初心者だった

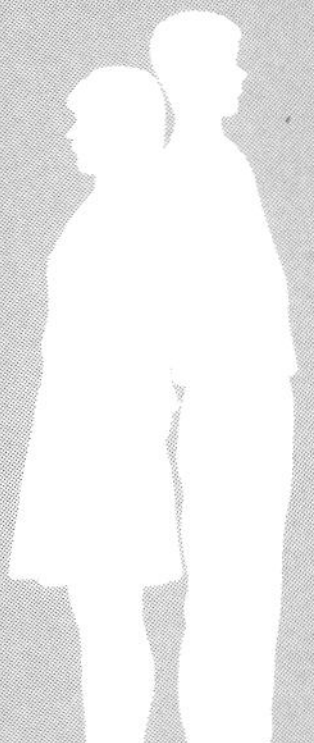

紗良『出会いカフェ』は登竜門　〜心がときめかない

マジックミラー越しに観察。二二歳のちょっと可愛い娘とお店の個室で一〇分ほどお話。交渉。そして、交渉成立。近くの喫茶店でお話。それからホテルへ。あまり慣れていない感じ。でも、普通にヤった。次回の約束をしたが、心がときめかないし、私がその後すぐに海外に遊びに行ってしまったので、もう会う気がなくなってしまった。彼女の方から日にちを指定して何度も猛アタックしてきたが、うまくフェードアウトした。結局、一回で終了した。

ゆみ『出会いカフェ』は登竜門　〜ひと月半後にLINE返信あり

二一歳のキレイ系の娘。〇〇と切り出されたが、それより少し多めにしてあげた。喫茶店で少しお話しようとしたが、すぐにホテルに行きたがっていたので、ホテルへ直行。シックスナ〇〇をしようとしたら、思い切り拒否られた。フェ〇はどうしても嫌らしい。かなり白けてしまったが、顔も体も綺麗なので、興奮して普通にセックス。引き抜く時に少しこぼれてしまったが、大丈夫そう。一一日後に「こんにちはー。あの〜、一つお聞きしてもいいでしょうか？　次回、フェ〇していただくことは可能でしょうか？」とLINEした。ひと月半後に、「お久しぶりです！　すみませんLINE溜まってて遅くなりました」と返信があった。テキトーだな〜。出会いカフェの娘はだいたいこんなもの。結局、この娘も一回でやめることにした。

美月『出会いカフェ』は登竜門　〜デートをすっぽかされた

お店は池袋の出会いカフェ。一五七㎝、Cカップ、二七歳。四か月ほど続いた。結局のところ、出会いカフェで二回以上続いたのはこの娘だけだった。スリムな体型で、可愛いと綺麗の半々くらいの感じの娘。ある日、池袋のミュージックバーに行き、二人でステージに上り、ＡＫＢ48の『恋するフォーチュンクッキー』をやった。赤いワンピース姿がステージに映える。私がドラムを叩き、彼女に歌ってもらった。お店のスタッフに、他のパート（キーボード・ギター・ベース）をやってもらった。彼女は歌が上手で、他の客にも大受けだった。

その一か月後、デートをすっぽかされたのがきっかけで、お別れした。

【ある日の出来事】

以下、LINEでのやり取り。

（池袋のドン・キホーテ前一九時待ち合わせ）

一月一二日

一八時五三分　私：「着きました」

一九時五分　私：「どこにいるの？」

一九時一二分 私：「もう帰ります」

（一七日間連絡なし）

一月二九日

一九時三五分 美月さん：「こんばんは。長らくご連絡できず、また先日は連絡もなしに待ち合わせ場所に行けなかったこと、大変申し訳ございませんでした。あの日、仲良くしていた友人が亡くなったと知らせを受けて、気が動転していました。しばらく立ち直れず連絡も遅くなってしまいごめんなさい」

（親友が亡くなったとしても、一七日間もスマホを見ないなんて、まずあり得ない。ショックで外出できないとか、食欲がなくなるとかなら分かるが……。でも、一応信用したことにした）

一九時四九分 私：「それは大変でしたね。少しお元気になられたみたいで、良かったと思います」

（六日間連絡なし）

二月四日

一九時二九分　美月さん：「本当に申し訳ない……。落ち着いてきたので、もし○○さんさえよければまたお会いしていただけないでしょうか……？」

（もう会わないことに決めていたので、意識的に既読スルー）

（五日後）

二月九日

五時五分　美月さん：「だめそうですね……。たくさん良くしていただいたのに申し訳ないです。ありがとうございました」

（最後にちゃんとお礼を言うのには、ちょっぴり見直した。「こちらこそ、ありがとうございました」と書こうとしたが、また会いたくなりそうで怖かった）

マリア　東京郊外の『クラブ』でお持ち帰り交渉

名前はマリア。お店は東京近郊にあるクラブ『ファヌーブ』。タイ人、一五七㎝、Eカップ、二六歳。地元の仕事関係の友人に連れられて飲みに行った。そこは東南アジア系の女性が接客するクラブである。最寄り駅から徒歩五、六分の距離。気に入った娘が見つかれば、呼んで横に座らせ、お話しする。ここ最近のキャストはみなタイ人で、五、六人ほどいる。可愛い系も綺麗系もいて、まずまずのレベルといえる。ある程度日本語ができる娘もいるが、英語しか通じない娘もいる。マリアはシンママで、息子一人をバンコクに残して日本に出稼ぎに来ている。当時はまだ日本語ができなかった。ややふっくらした体系だったが、明るく優しい性格で、とても気に入ってしまった。チーママが寄ってきて、耳元で私にささやく。「この娘どう？」「とても感じのいい娘ですねー」「ロングタイムなら、○○ね」「ＯＫ」朝までのロングタイムと、三時間程度のショートタイムがある。これは、現地のゴーゴーバーと同じシステムだ。

タイ人とは現地で遊んだことはあるが、国内では初めてである。こんなに可愛らしい娘と一晩過ごして○○とは……。ここは地方だからというのはあるが、それにしてもあり得ないな。

それで、「お持ち帰り」となる。チーママは近くのホテルに電話し、予約を入れてくれる。タクシーでホテルへ。ロングタイムで○○ということなのだが、少し多めに。彼女はあまり恥ずかしがる素振りもなく、すぐに全裸になりシャワーへ。やはり、ちょっと太目かな？　でも、お顔は整っている。鼻を整形したそうだ。この娘、セックス大好きみたい。とても楽しそうにプレイする。攻めも受けも上手。早朝に再度、モーニングセックス。午前一〇時から仕事があったので、早めに一緒にホテルを出発。駅構内のカフェで軽く朝食。夕べからの気だるい甘さを残しながら、あまり言葉も交わさずに、トーストやベーコンエッグを食べ、ホットコーヒーを飲んでいる。たまに二人の目が合う。セックスし

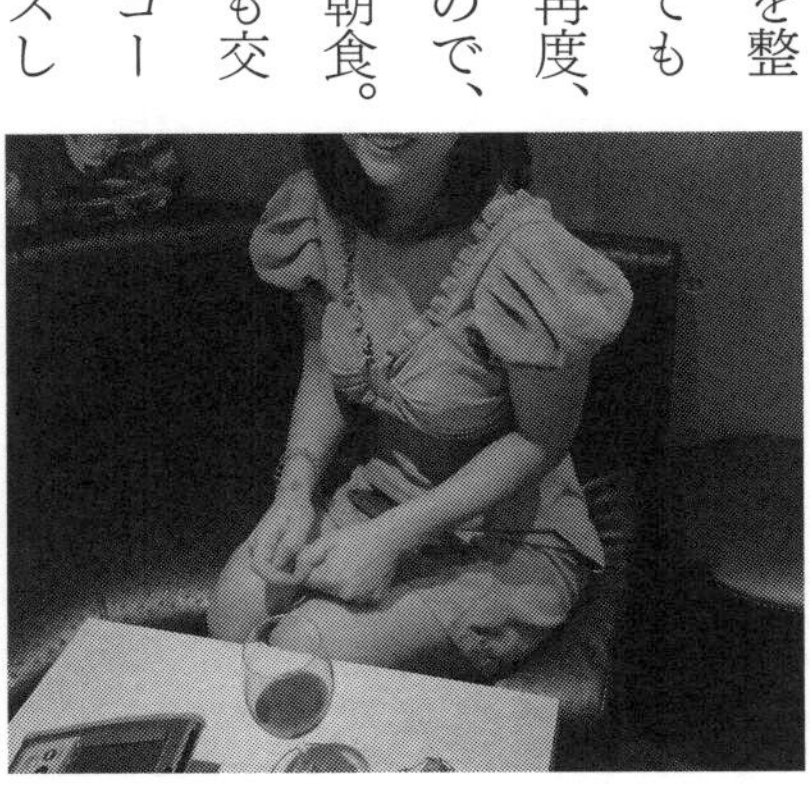

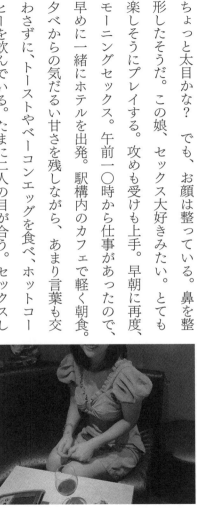

ている時よりもドキドキする。何か、この雰囲気が好き。もしホテルでさよならしていたら、このちょっとした恋人気分（?）は味わえなかっただろう。

その後、マリアとはお店を通さずに（お店の了解を得ている）二度ほどデートした。ほぼ、『ディナー→マッサージ→ホテル→朝食』というパターン。一度ショッピングモールにも行った。靴がボロボロだったので、スニーカーとサンダルを買ってあげた。彼女とはただただ一緒にいるだけで心が和んだ。約一年半後に、このクラブを紹介してくれた友人から電話が入った。今当クラブにいて「マリアが○○さんと話したいと言っているから代わります」と言う。日本語で話しかけてきた。日本語が上手で驚いた。「○○さん、また会いたいです」「俺もだよ。仕事が落ち着いたら、また会いましょう」でも、これは本心ではなかった。何となく、いい思い出のままにしておきたかった。

第６章

美女と私　忘れえぬ女性たち

五十嵐沙織　〇〇町の男性全員を幸せにしてあげた

お店の名前は『シャングリラ』といい、新宿にある大衆ソープランド。七〇分で二万円である。一五七㎝、Dカップ、三三歳、シングルマザーで、小五の息子がいる。籍を入れる前に、フィアンセが交通事故で急死している。これまでかかわってきた多くの女性の中で、彼女が最も印象に残っている。というか、好きだったかもしれない（そう思わないようにしていた）。客の一人がストーカーになってしまい、その相談を何度も受けた。読者には非常に興味深い話になると思うので、ここで詳細に書きたいとは思う。しかし、もしその男性がこの本を読んで、それが自分の話だと分かれば、再度被害が彼女に及ぶ恐れがある。つまり、彼女は私に自分の数々の行為（悪行）をばらしたということになる訳である。彼は彼女の本名（フルネーム）、自宅の住所・電話番号、実家の住所、両親の仕事、息子の名前・顔・小学校、全て知っている。そういう訳なので、ここでは事実の一部を省いたり少しずらしたりして書いていく。

ところで、私の国内フーゾク店デビューはデリヘルだった。デリヘル以前は、東南アジアで遊んでいた。外国のフーゾク店もデリヘルもソープランドも、することはだいたい一緒なのだが、次のステップへ進む場合に、それなりのハードルというものが存在する。これは私だけに特有のものなのかもしれないが……。最初のデリヘルは、立川○○というお店だった。テニス関係の友人に勧められた。立川駅へ向かう中央線の車内で、緊張のあまり気分が悪くなって、一度途中下車したほどだった。

次に、ソープ店デビューは、新宿の当シャングリラ。あらかじめ予約をしておいた。予約をする際お店のスタッフに、「私、ソープ店は初めてなので、お店で一番優しい娘をお願いします」と言ったら、彼女を勧められた。それから、七〇分では短か過ぎて落ち着かないので、一二〇分にしてもらった。当日、定刻より少し早めにお店の前まで来た。緊張して入る気になれない。通行人のふりをして、そのまま通り過ぎた（バカみたいでしょ?）。そのお店の先にビルの外階段があったので、そこに腰掛けた。「やっぱり、やめようかな?　おいお前、こんなことやってる場合か?　勃たないかもしれないし、恥かくぞ」でも、何とか勇気を振り絞って引き返した。受付で支払いを済ませたら、もう引くに引けない。彼女と対面したら、その表情には優しさが溢れていた。私は「今日が初ソープだ」と打ち明けた。「緊張でもし勃たなかったらごめんなさい」とも言った。彼女は「そういうお客さんはいくらでもいるから心配しないで」と言ってくれた。シャワーの後、私の緊張をほぐそうとしたのか、長い間キスをしてくれた。そして、行為はうまくいった。残り時間はあと百分近くもある。ドリンクを飲みながら、ずっとお話をした。初対面なのに、プライベートなことを話してくれた。彼女の名前は五十嵐沙織、今三三歳（お店では二四歳）、シングルマザーで、小五の息子がいる。地元は山梨県で、現在は川口市在住。四〇〇万円（二回騙された）の借金返済のため、また息子への貯金のためにソープ嬢へ。私も自分の素性をかなり詳しくお話した。そして私は「今度、都合のいい日に外で会ってくれませんか？」と言ってみた。彼女が私にとって初ソープ嬢だということはどこへやら。彼女はＯＫしてくれた。断られるとは微塵も思っていなかったのが不思議である。いうまでもないが、自分に自信があった訳ではない。ただただ何となく、である。「私、これまで四年ほど働いていて、時々このようなお誘いを受けることがあるけど、ＯＫしたのはあなたが二人目よ」と言っていた。その後お付き合いを始めてしばらく経ってから分かったのだが、これは本当だった。しかも、初めてOKしたお客は、その後彼女のストーカーとなっていく男性だった。

ところで、このお店に、同じように小五の娘がいるキャストが働いている。たまにお話するそうだ。同じ小五とは言っても、やはり男の子と違って、敏感で勘が鋭い。どうもお母さんがフーゾク嬢かもしれないと勘ぐり出したみたい。これはもう隠し通せないと判断し、翌月に辞めることにしたそうである。自分としては、息子が小学校を卒業するタイミングで辞める予定でいる。あと一年ちょっとなので、何とか頑張ります、だそう。

私が彼女とプライベートで会い始めたころ、その男性はまだストーカーにはなっていなかった。でも、お店に来るといつも無理やり顔と裸の写真を何枚も撮られ（トータルで千枚以上らしい）、〇で挿入（このお店ではNG）される。そして、〇出し。お店の規則を破っているのだから、スタッフに話して出禁にすればいいのだが、それが言えない。彼女は本人に対しても厳しく言えず、また彼は既にリピーター（「太客」という）

となっており、週に二回ほど来てくれていたので、ありがたい客でもあった。ある日曜日の昼にデートの約束をしていたが、当日の朝になって、急に会えない旨のLINEが届いた。その男性が翌日からの月・火・水の三日連続で予約が入ってしまったそう。それを思うと気分が悪くなってしまって、吐きそうで起き上がれないとのこと。勿論、「お大事に」ということで、その日のデートはキャンセルした。

彼女は騎〇位で腰を浮かせ、カリを刺激するテクニックが抜群だった。人気嬢で、平日の六時から働き、一日七人のお相手をする。ある日のこと、九人の接客をしたら、訳が分からなくなってしまったそうだ。宣材写真につけるプロフィールが、誰にでも当てはまるようなイマイチの文章だったので、彼女の特徴を前面に出したコメントを書いてあげたら、そのまま採用してもらえた。そしたら、翌月に一気にベスト3に上がった。このプロフィールをここに載せたいのだが、本人の特定につながる恐れがあるので、やめておく。本指名の件数を少しでも増やしたいと言われ、プライベートで会うようになってからも、時々お店に行ってあげた。この時は、何故かプライベートで会う時よりも嬉しそうだった。

(実は、このあたりの部分を『エピローグ』の後に書いている。いろんな意味で、とても書きづらかったからである。それから何と、夕べ沙織さんの夢を見てしまった。これ、ホントです！ 彼女は泣いていた。私は彼女の肩を抱いた。寒そうにしていたので、近くにあったコートを掛けてあげた。そして、彼女を抱き上げたのだが、何とも軽かった。たったそれだけの夢だった。今頃どうしているだろうか？ 息子さんと幸せに暮らしていればいいのだが……)

プライベートで会うようになってから数か月ほど経って、身の上相談も受けた。三時間以上も電話でお話した。勿論、その男性のこと。その男性は五〇歳ちょっとで、結婚はしているが、夫婦間は完全に冷え切っている。外見としては、背が低く禿げていて、いかにもモテないオッサンのイメージ。でも社会的地位は高い（ここで、詳細は書けない）。典型的なガチ恋をしていて、もしパパ活をするのであれば、最もやってはいけないタイプ。そして、絵に描いたようなストーカーとなっていく。彼女は既に、自分の個人情報を彼に開示してしまっている。彼女の性格の良さは抜群なのだが、それが仇になってしまっている。最初は信用して、本名など、もれなく個人情報を教えてしまっていた。息子さんのことなどで親身になって悩みを聞いてくれるので、プライベートでも会うようになった。川口の自宅にも何度か呼んでいるので、息子さんも顔見知りになっている。次第に、毎日何度も電話やメールが来るようになった。もうこの頃から、プライベートでは会わないようにしていた。そして、電話・メール・LINEは着信拒否にした。お店の方にも、スタッフに（「裏引き」も含め）現状を正直に話して、とりあえず彼を出禁にしてもらうようアドバイスした。出禁にされた彼は、ある日とんでもない行為に及んだ（これも、詳しくは書けない）。

そのすぐ後のデートで、レストランでランチをしながら、今後の対策についてお話した。彼女はその最中に涙を流した。私はハンカチを差し出した。「綺麗に洗濯して、お返しします」その数日後、息子さんと一緒の楽しげな写真を送ってくれた。次月に再会した時、有名なテーマパークで買ったチョコレートのお土産をくれた。そして、綺麗にアイロンのかかったハンカチを返してくれた。

ちょうどその頃、新型コロナウイルス感染症流行の影響でお店がお休みになり、また息子さんの小学校も暫くの間休校となった。彼女は息子さんを家に置いて外出はしずらくなってしまった。そして、自然消滅。一年ほど続いた。彼女のことは生涯忘れないだろう。どうか、幸せになってください、沙織さん！

【ある日の出来事】
沙織さん：「こんなお仕事をしてるあたしって、どう思います？」
私：「改めて、どうしたの？」
沙織さん：「息子にも言えないし」
私：「沙織さんのお仕事は、男性に夢を与えるお仕事だよ。日々の仕事に疲れている会社員や、翌週大事な試験があっても勉強する気になれない学生たちを元気づけるお仕事だよ。沙織さんに癒されて、『また、明日から頑張ろう！』ってなるんだよ」
沙織さん：「ありがとうございます」
私：「ところで、沙織さんの故郷の○○町の人口は何人くらい？」
沙織さん：「え～と、だいたい二万人くらいかな？」

私：「沙織さんは、これまでお相手してきたお客さんは……。一日七人。一か月約一七日出勤だから、月約一二〇人。そうすると、年一四〇〇人。もう四年働いているから、トータルで五六〇〇人ということになるよね。〇〇町の男性は二万人の半分の一万人。このうち、セックス対象者はというと、一八歳未満の未成年者と七〇歳以上の高齢者、それからもうその気がない男性、病人なんかを除けば、ざっと六千人くらいじゃないかな？　そうすると、〇〇町の男性全員を幸せにしてあげたことにならないかな？　それも十把一絡げでなく、一人一人心を込めて（体を込めて？）もてなしてあげて」

沙織さん：「そんなこと言ってくれるのは、〇〇さんだけです」と言って、涙ぐんでいた。

西村ひとみ　しかし、本当にいい娘だった

お店の名前は『ミ・アモーレ』といい、西川口にある大衆ソープランド。百分で

三万五千円である。一六〇㎝、Eカップ、二一歳。さいたま市内で仕事があったので、ついでに行ってきた。正直、大衆店だしあまり期待はしていなかった。顔はやや微妙だが、体はとても綺麗だった。胸の大きさ・形、ヒップ、脚のライン、肌、全てずっと見ていたかったほど。性格も素直で可愛らしかった。池袋の某ソープランドがホームで、時々当店に出張している。彼女は新宿区内に住んでいるので、新宿で落ち合い、ランチをして、歌舞伎町のホテルへというのが定番だった。彼女はあるアイドルグループの追っかけをやっていて、時々ホテルを一旦抜け出して、また二時間後に戻ってくるというパターンだった。なので、トータルで一緒にいる時間は長かった。約四か月続いたが、次第に新鮮味を感じなくなってきてしまった。以下は、お別れする頃のLINEのやり取り。

四月二八日
一四時五七分　ひとみさん：「〇〇さん、忘れられてますか？」

（翌日）

四月二九日

九時二八分　私：「ひとみさん、おはようございます。しばらく連絡しなくてごめんなさい。ここのところ仕事が忙しく、週末東京にも行けていない状況です。仕事が落ち着いたらまたお会いしましょう！」

（翌日）

四月三〇日

二〇時四二分　ひとみさん：「〇〇さん元気ですか？　心配です（……）お仕事お忙しいかと思いますが、どんどん暑くなりそうなのでお体気をつけてください。はい、楽しみにしてます」

（約三か月後）

七月二五日

一三時三二分 ひとみさん：「〇〇さん、こんにちは。もう連絡しないほうがいいかな？」

二二時四分 私：「ひとみ（↑このお名前、大好きです！）さん、お久しぶりです。毎日暑いですが、お元気ですか？ う〜ん。もう、お会いできないかもですー。ごめんなさい。これまで、ありがとう。いつも本当に楽しかったです。この素敵な出会いに感謝です」

二二時八分 ひとみさん：「ありがとうございます。少し夏バテしてました。寂しくなります。こちらこそいつも素敵なお時間ありがとうございました。楽しくて会える日いつも楽しみでした。お体に気をつけて」

本当にいい娘だった。

長谷川和美　思い出深いガールフレンドの一人

お店の名前は『ベレーザ』といい、池袋の大衆ソープランド。八〇分で二万三千円である。一六〇㎝、Eカップ、三九歳。若い頃は吉原で働いていて、吉原での初日は現金で三八万円持って帰ったとの由。その吉原で働いている頃、東大医学部の娘が二人いたそう。そのうちの一人は、ドイツに留学中で、夏休みや冬休み期間中だけ、その留学先から帰国してソープ嬢をやっていた。学術書が高いらしく、ある時見せてくれたのが、ドイツ語で書かれた分厚い本で、一冊二万円とのこと。和美さんは港区の高級住宅街に住むお金持ちのお嬢さん。アメリカ（カリフォルニア）とフィリピンに留学経験があり、英語がペラペラ。某お嬢様大学の〇〇女子大学卒。宅建士の資格を持っていて、私が宅建の学校の講師をやっていたことがあるので、何度か不動産関連の話をしたこともある。現在、歯科技工士を目指して勉強中。

彼女のお客さんは九割以上が太客だそう。これは、大いに納得である。歳は若くはないが、サービス精神が旺盛で、とにかく少しでも相手に喜んでもらおうとする。しかも、そのテクニックは最高である。ホテルでは、こちらが頼んでもいないのに、「潜望鏡」などをやってくれる。また、アナ○への刺激の仕方が独特で、超ギンギンにさせてくれる。普段の三割増しくらいの大きさになった感覚になる。ホテル内ではそんなプレイをする彼女であるが、街中での立ち居振舞いにはいつも品があった。冬に着てくる白い厚手のコートは上品でよく似合っていた。「○○さんは、私が何を言っても否定しないのねー」と言ったことがあった。これは、一応褒め言葉だったのか。彼女はいつも私の良き理解者でいてくれた。もし再婚するのであれば、このような女性が理想なのかもしれない。

別れる頃に初めて、実は和美さんは私のことが好きだったんだ、ということに気づいた。彼女とは一年五か月続いた。これは、私のこれまでのパパ活ライフで最長となった。思い出深いガールフレンドの一人。

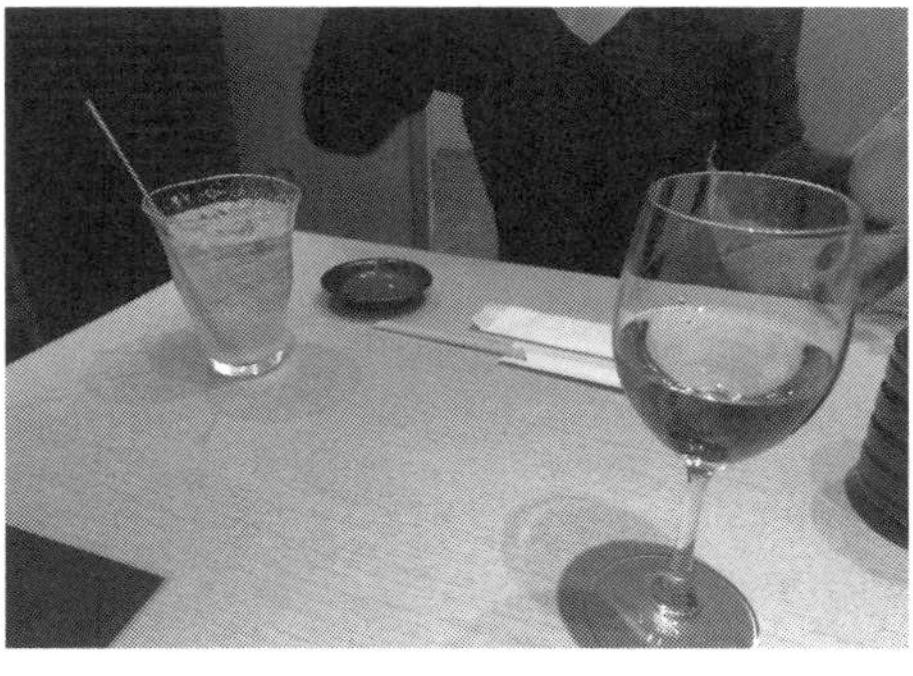

鈴木怜 「一升パン」の思い出　小学一年生の息子がいるシンママ

プラチナ、B二タイプ、二五歳、一六一㎝、Dカップ。シンママ。中高時代はアイドル・グラビアアイドルをやっていた。一七歳で身ごもり、一八歳で出産。現在小学一年生の○○君がいる。アイドル時代の写真を送ってくれた。どれも眩しいくらい。特に、セーラー服姿やビキニ姿（当時は、中学生でもOK）は神がかっている。○○君は羨ましいなぁ、毎日一緒にお風呂に入っているらしいから。彼がいけないことをすると、時々パシッといくそう。あぁ、私も彼女に一度殴られてみたい〜。

ポンパドウルという名の知れたパン屋さんがある。そこで「一升パン」という特注のパンを作ってもらえるのだが、○○君の誕生日に合わせて、そのパンを作ってもらった。フランスパンの生地を二キログラム使って焼き上げるのだが、そこに『○○（息子の名前）&怜』とイラストを入れてもらった。巨大なので、電車に乗って持っていくのが大変だったが、二人ともパンが大好きと聞いていたので、とても喜んでいた。

次月お会いした時に聞いたのだが、一部冷凍保存し、残りは親戚の家に遊びに行く際に持っていって、皆で食べたそうだ。勿論、〇〇君には「パパ活のパパからのプレゼント」とは言わず、「私（お母さん）からのプレゼントだよ」ということにした。

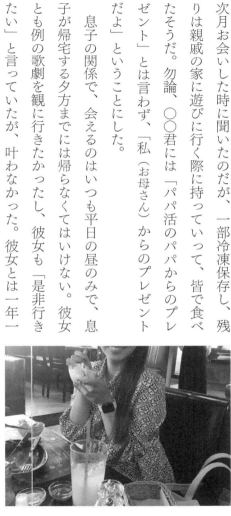

息子の関係で、会えるのはいつも平日の昼のみで、息子が帰宅する夕方までには帰らなくてはいけない。彼女とも例の歌劇を観に行きたかったし、彼女も「是非行きたい」と言っていたが、叶わなかった。彼女とは一年一か月続いたが、何となくモチベーションが低下していき、終了となった。

【ある日の出来事・一】

彼女は私の前戯が好きみたいで、いつも喜んでくれた。でも、イった感じがなかったので、フィニッシュした後に、実はこうしてほしかった、ああしてほしかったではなく、行為の最中に細かく指示してほしい、とお願いした。特に、クン○の最中。「舌を固くしないで。舌を尖らせないで。舌全体で舐めて。クリの周りも一緒に舐めて。もっとゆっくり。そのままずっと続けて。少しずつスピードアップして。そうそう、いい感じ。ああ、もうダメ。イく、イく」ピクピク。このタイミングで挿入。本当に喜んでくれた。それからは、ベッドではいつもこんな風だった。（表現が生々しくてごめんなさい！）

【ある日の出来事・二】

彼女が私にスマホの画面を見せながら、「この男性どう？　かっこいいでしょ？」と言う。確かに体は鍛えてあるのだが、顔はぼかしてあって、よく分からない。「これ、何のサイト？」と聞くと、「○○基地という女性用フーゾクのサイトよ。ねえ、この男性もいいでしょ。どっちがいいかしらね？」その日はそれで終わった。翌月にデートした時、またそのサイトを見ている。それで、はっと気づいた。彼女はこの女性用フーゾクで遊んでみたいんだ。それで、この私に背中を押してほしいんだ。一番の好みの男性は予約がスカスカで、二番目の男性は予約がいっぱい。どっちがいいか聞かれたので「予約の埋まり方はともかく、自分の好みを優先した方がいいよ」とアドバイスした。「分かりました。じゃあ、この人にします」と言って、スマホを閉じてしまった。このまま家に帰ってしまうと、予約を入れる勇気が湧いてこなくなってしまうだろうから、「今ここでポチりなさい」「はい、じゃあ〇〇日の△△時で予約……」ポチ！

【ある日の出来事・三】

次回のデート。〇〇基地での実体験を赤裸々に語ってもらった。早めにラブホテルに入り、ホテル名と部屋の番号を連絡。ピンポーン！　その男性は、想像通りのイケメンで、最初から興奮状態。一二〇分で二万円。何それ、安い〜。男性に置き換えれば、超高級ソープ嬢で一〇万円だろう。普通のマッサージ、オイルマッサージ、ファンタジーマッサージ（ファンマ）の順にやってもらうのだが、それらの時間配分は、こちらの希望を聞いてくれるそう。とりあえずお任せした。ファンマになると、お互いに全裸になる。全身リップ（膣・クリも）をされ、フェ〇をしなさいと言われる。自分がチョイスした若いイケメンなら、特に言われなくても喜んでフェ〇。「入れてもいいですか?」と聞かれた。「はい」勿論、ゴム着で。正〇位・座〇・バッ〇・騎〇位など、いろんな体位をして、何度もイかされた。因みに、駅弁はしてないとの由（笑）。

彼女は元々アイドルやグラビアをやっていたくらいだから、若い頃から経験豊富だった。特におじさんにモテたそうだ。現在二五歳のシンママ。日々セックスに飢えていたんだと思う。私とのプレイも、途中からイくようになったものの、やはり大好きな若いイケメンと思い切り激しいセックスがしたかったんだろう。

【ある日の出来事・四】

そのフーゾク男性から別れ際に、個人的にお付き合いしてくれないかと誘われた。彼女はOKした。でも、次回のデートの待ち合わせ場所が、何とラブホテル前。私は、とりあえず初回のデートはノーセックスにしなさいとアドバイスした。そのお誘いは、若く美しい女性に対して、非常識を通り越して、余りに失礼である。ということで、アドバイス通り、お食事だけにした。

第7章

美女と私　失恋・せつない経験

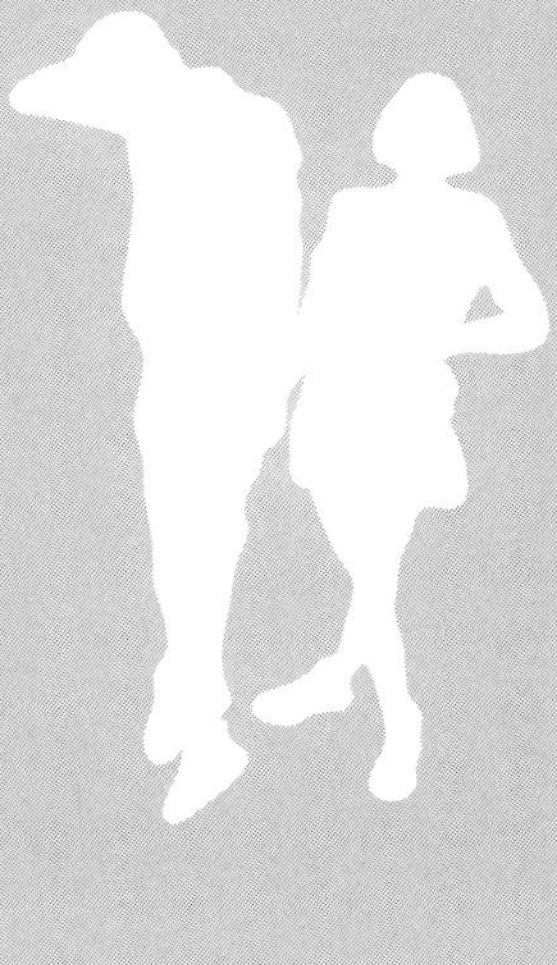

真理子　私、キスは好きな人としかしたくないの

お店の名前は『プリマ・クラッセ』といい、吉原の高級ソープランド。一二〇分八万円である。一五二cm、Dカップ、二六歳。何と彼女は、私が入会している交際クラブにも在籍していた。彼女曰く「できれば最初に〇〇クラブで出会いたかった」。昼職は美容外科医の秘書。所作に育ちの良さがにじみ出ており、独特のオーラを醸し出している。中イキしかしない。スッと伸びた鼻が魅力的。語学重視の〇〇大学卒。英語がペラペラなため、お店で重宝され、外国人は皆自分に回ってくるとの由。余談だが、中国人・台湾人・香港人の区別ができるそうである。これは、あくまでも彼女の個人的な意見であり、決して差別ではないので、お含みおきを。中国人は日本語や英語を話そうとしない。「こ

んにちは」も「ありがとう」も言わない。人によっては、「中国語を勉強しなさい」みたいな態度を示す。一方、台湾人の多くは日本語がそこそこ話せて、何とかコミュニケーションを図ろうとする。また、香港人は英語が話せるので、会話がスムーズに運ぶ。

父親の仕事の関係で世界各地に滞在経験あり。以前、私と同じ大学出身で大手広告代理店に勤めていたボーイフレンドがいたそう。頭の悪い男が嫌い。また、相手には育ちの良さを求めている。ただし、私にこの双方が備わっているのかは不明。長年某プロ野球球団のチアリーダーをやっていた。

実は、彼女とはセックスの相性は良くなかった。私は全身リップが好きなのだが、彼女はそれを嫌がる。それから、クン○もだめ。キスもほぼだめ。結局、プレイはフェ○と挿入だけ。お別れすることにした理由は、キス。ある日彼女は、「私、キスは好きな人としかしたくないの」と言った。ちょっとしたタイミングで、さり気なく言ったこのフレーズ。百年の恋も一瞬で冷めてしまった。寅さんではないが、「それを言っちゃあおしまいよ！」ずっとずっと、このおじさんを甘く騙してほしかった。

「キスがしたかった。それだけです」

これを最後の LINE のコメントにした。

【ある日の出来事・一】

私はこれまでに四、五人のＡＶ女優とお付き合いしてきたが、彼女たちから撮影現場の実態をいろいろと聞かされていた。興味を持ってもらえるかと思い、その話をしてみた。だいたい何時頃から始まって何時頃に終わるのか、顔○・中○し・ごっ○んは本当なのか、男優は上手なのか、女優は本当にイクのか、現場の雰囲気、女優の扱われ方、報酬の支払いなど……。彼女は、ふんふんと言いながらうなずいていた。

（次回のデートの時）

真理子さん：「実はあたし、ＡＶの撮影をしたことがあるのよ。だから、この間の話、全部知ってる」

私：「えっ、いつ頃デビューしたの？　名前は？」

真理子さん：「撮影の後、よく考えてみたの。そしたら、私の場合、失うものが大きいと思って、翌日監督さんに電話して、キャンセルさせてもらったのよ。そしたら、当日手にした報酬を返せば、キャンセルOKとなったの。それ以外にいろいろな経費がかかっている訳だけど、それを全部チャラにしてくれた」

詳細をここに書く訳にはいかないが、彼女本人の経歴（学歴・活動）、家族関係（代々続く名家）に鑑みれば、AV女優として世に出るのはあまりにも無謀であろう。

【ある日の出来事・二】

ある劇団の『美女と野獣』を観に、某テーマパークの劇場へ行った。私がそのテーマパークに行くのは、結婚した年に元妻と行って以来二七年ぶり。余談だが、この場所にはいい思い出がない。初めに、ジェットコースターに乗り、次にカリブを冒険するボートアトラクションに行ってみようということになった。彼女は私にかまわず、どんどん先に行ってしまう。そんなに急ぐことはないのに……。少しすると、彼女を見失ってしまった。どこを探しても見つからない。この頃はまだ携帯電話がなかったので、連絡のしようがない。またあたりを少し探しては近くの喫茶店で休み、また少し探しては近くの喫茶店で休み……の繰り返し。もうかれこれ二時間半が過ぎていた。ひょっとしたら、と思い、公衆電話で自宅（三鷹市内の社宅）にかけてみた。そしたら何と、出たぁ～。

一〇時四五分に舞浜駅で待ち合わせしていたのだが、京葉線の八丁堀駅でバッタリ！ しかも同じ車両で。私がこの劇団の演劇を観るのは、大学三年生の時、若き日の市村正親主演の『エクウス』を観て以来のこと。開演は一三時三〇分なので、その前にカフェレストランでランチ。劇場内は冷房でかなり寒いことを予想していたが、意外に寒くなかった。私はひざ掛けを二人分用意していたが、ほとんど不要だった。彼女は感激して、何度も涙ぐんでいた。とても素敵な劇だったが、正直に言うと、ビジュアルは私の好きな歌劇団には劣るかな？ もしその歌劇団だったら、美女役をもう少し好きになっただろうに。

渡辺凛　結婚年齢のことを言ってしまい、お別れに

プラチナ、B二タイプ、三二歳、一六四㎝、Eカップ。羽田空港のグランドスタッフをしている。B二タイプなのだが、初日に「今日は？」と聞いてみたら、OKだった。ランチの後、ホテルへ。髪、そして胸の張りや体の線はとても素敵だった。正○位の時、普通女性は膝を曲げるのだが、脚全体をまっすぐに伸ばすので、それがとてもエロく、ドキドキさせてくれた。

私の何気ない一言が彼女の逆鱗に触れたようで、結局二回のデートで終了となった。

【ある日の出来事（二回目のデート）】
七時四一分　私：「今日はミニでお会いできないかな？」
九時三八分　凛さん：「ミニ持ってないんで、今日買います！　どんなのがいいか後で教えてください。次会うときに着ていきますね。それでも大

丈夫ですか?」
九時四七分 私:「わざわざ買わなくていいですよー。何でもOK～」
九時五一分 凛さん:「全然大丈夫です。スカート欲しかったんで今日の帰りに池袋のルミネ見てみます」
一一時二六分 凛さん:「着きました」
一一時三十分～一三時四五分 ホテルでランチビュッフェ
一三時四五分～ 池袋のルミネでショッピング。スカートだけでなく、他に気に入ったものがあれば、買ってあげるつもり。結局、スカート(ミニではない)・トップス・ブーツをまとめて買ってあげた。
一五時〇〇分 ホテルへ。満室のため、待合室で空いたばかりのお部屋のお掃除が終わるのを待つ。私の右手と彼女の左手がつながれている。この感じ、大好き。何気ない雑談。
私:「凛さんは、結婚願望とかあるの?」

凛さん：「一応、ありますよ」
私：「ああ、そうなんだ。そういえば、凛さんは今三二歳だったよね」
凛さん：「うん、そうだけど……」
私：「婚活市場では、多くの男性は三二歳までの女性をターゲットにしてるって、知ってる？」
凛さん：「知らない」
私：「三二歳を超えると、急にオファーが激減するんだよ。だから、ここ一年は頑張った方がいいよ」
凛さん：「……それ、〇〇さんに関係ないでしょ」
彼女は、それまで握っていた手を振りほどいた。
私：「あっ、ごめんなさい。余計なことを言っちゃって」
暫し、無言が続いた。これはもう、修復不可能と判断した。そこで、私は用意していた封筒を彼女に渡した。
私：「はい」

彼女は無視して、受け取らない。ということは、ちょっとへそを曲げただけなのかな？　部屋に入れれば、機嫌を直してくれるのかも？　でも、気まずい雰囲気は変わらず。そこで、もう一度、

私：「はい」と言って、再度封筒を渡した。そしたら、今度は受け取ってくれた。つまり、これでオシマイという意味。

二人は、そのままホテルを出て駅に向かい、無言で歩いた。改札手前で、「じゃあね」

実は、これには後日談がある。この話を友人にしたところ、「どうして、その封筒を渡したの？　一発もヤってないんだから、そんな必要ないのに」私のポリシーは常に、「ステキな出会い、キレイなお別れ」である。キザと言われるかもしれないが、私はこのスタンスを変えるつもりはない。

弥生「『失恋』と呼べるのはこの女性だけ」のバレリーナ

ブラック、Cタイプ、二七歳、一六二㎝、Eカップ。バレリーナで、バレエ講師。自らのバレエスタジオを開設するのに、その開設資金が必要だった。これまでパパ活をやってきて、「失恋」と呼べるのは、この女性だけ！　三〇年ぶりの失恋。文字通り、「いい歳こいて」失恋しました、です。皆さん、どうぞ笑ってください。思う存分笑ってください。そうなんです、思いっきりフラれたんです。ガールフレンドとお付き合いするには、距離感が大事だとか、ストーカー予備軍になってはいけないだとか、たいそうなことを言ってた割には、その本人が相手の女性を心から好きになってしまったとは？

ランチは話が盛り上がり、三時間近くお話した。その後、近くのホテルへ。フェ〇が思い切り下手くそだった。男性経験が少ないからなのか、それとも下手でも許されてきたのかは不明。圧が感じられないし、紋切り型。次第に元気がなくなってきてしまった。結局、ノーセックスで終了となった。でも、とても素敵な時間だった。挿入しなきゃだめという、私のポリシーはどこへやら？　ホテル内でも、楽しい会話が続いた。ここでも二時間以上過ごしたので、トータル五時間のデートとなった。そんな訳で、当日の一六時三〇分から予定していたレッスンを、初対面だった私のために、わざわざキャンセルしてくれた。そして次回は、その歌劇団を観に行くことになった。LINEで、待ち合わせの時間や場所のやり取りをしていたら、突然既読が付かなくなってしまった。理由は不明だが、要するにフラれたということ。恐らく、もっと素敵なパパが見つかったんだろう。ただ、少しだけ残る可能性としては……。数か月前に、スマホの全データが何者かに乗っ取られたことがあったとのこと。それで、友人の連絡先がほぼ分からなくなり、またその頃ある従業員にレッスン料を盗まれたりで、精神的にもかなりやられてしまった。その後、有名な祈祷師に診てもらったりして、何とか回復したそうである。今回もデータの乗っ取りとか？　まぁ、あり得ないなー。これは単なる希望的観測に過ぎないだろう。

そういえば、以前明石家さんまがこんなことを言っていたっけ。「ワシはフラれても何とも思わん。これでまた新しいガールフレンドと出会えるんやから」これぞまさにポジティブ思考である。ただし、これは彼のようなモテ男ならではの発言だろう。彼女とはほんの数時間だけの出会いだったが、私の人生において、『忘れえぬ人々』の一人となった。おいそれ、国木田独歩かよ？ と自らツッコミ。

第8章

美女と私　パパはつらいよ、哀しいお別れ

羽鳥沙耶香　お金を貸して欲しいと言われる

お店の名前は『シエスタ』といい、吉原の高級ソープランド。一二〇分で六万五千円である。一六五㎝、Cカップ、二四歳。吉原で最初に経験したソープ嬢で、鳴き声が大きいのが嬉しい限り。ギリシャ人とのハーフだが、外国語はできない。母は看護師、H大学卒、中野区在住。ホテルを出た後、よく中野・高円寺の商店街を手をつないで歩いた。高円寺のお店で大判焼きを買い、駅前のロータリーのベンチに腰掛けて食べた。閉店間際だと、おじさんはいつもおまけしてくれた。そんな何気ないデートが楽しかった。ショッピングにも付き合ってあげて、時々小物などを買ってあげた。ある日のこと、誕生日のプレゼントに、ルイ・ヴィトンのダミエの長財布が欲しいと言う。恐らく、軽く一〇万円以上するから難しいと言ったら、中古品でもいい

からどうしても欲しいと言う。そこで、高円寺のリサイクルショップに行ってみたら、たまたまそのお店に四万円のダミエが置いてあったので、買ってあげた。満足げな彼女の表情が可愛らしかった。ディナーの後、よく中野のバーに行った。特にしゃれたお店でもなかったのだが、彼女はいつもその雰囲気を楽しんでいる様子だった。

ディープスロートでびっくり。やや長めの私のペニスも簡単に丸ごとお口の中へ。イラ〇チオにならない。長時間のデートOK。全裸写真も撮影OK。

楽しいお付き合いも九か月続いたが、お金をせびられ、失礼な態度を取られ、そしてサヨナラした。

【ある日の出来事・一】

私は若い頃から、ほうれい線とマリオネットラインが深く、そういう自分の顔が嫌だった。そこで、Sクリニックへ行ってカウンセリングを受けた。フェイスリフトの見積もりの額は七〇万円だった。それを彼女に見せたら、美容整形手術を受けるなら、Pクリニックの O 先生一択だと言われた。彼女は小林幸子のような鼻にしたいということで、一度相談に行ったことがあるんだそう。結局、手術はしなかったが、とてもいい先生だと感じたそうだ。多くのタレントもここでやっているし、間違いないから……。もしやるのなら、絶対にここにしなさい、と太鼓判。という訳で、早速Pクリニックの０先生に相談しに行った。その的確なアドバイスに納得。見積もりの額は二三〇万円と、Sクリニックの三倍だったが、即決。彼女との出会いの本当の意味は、実はこういうことだったのかもしれない。

【ある日の出来事・二】

新宿のラブホテル『B』を出た後、私は家路へ。彼女はこの界隈でショッピング。雨が降りそうだったので、私が持っていた長傘を貸してあげた。その傘には、骨を束ねる金具のところに、私の名前（勿論、本名）のシールを貼っていた。翌月のデートの際に持ってきてくれたのだが、何故かそのシールが剥がされていた。私はこの時、彼女は男と同棲しているのを確信した。なお、どうして剥がしたのかは、問い詰めなかった。まあ、それが暗黙の了解というものだろう。

【ある日の出来事・三】

金を貸してくれと言われた。金額は六万円。これから三回に分けて返しますとの由。彼女はパスポートを持ってきていて、フルネーム・生年月日・住所などを教えてくれた。次回、約束通り二万円を返してくれた。しかし、次々回一戦交えた後、今度は七〇万円貸してほしいと言われた。その時彼女は、まだ残り四万円を返し終わっていないことには触れなかった。これからATMに行って、七〇万円を下ろしてほしいという。私は（いい意味でも悪い意味でも）女性に優しいため、「これは、舐められたな」と思った。同棲している男（？）にそそのかされたのか？　これはもう、この娘にかかわらない方がいいと思い、お別れすることに決めた。その時持っていた現金五万円を渡し、「そんな大金は貸してあげられないけど、少しでも足しにして……」と言った。彼女は、「ありがとうございます」と言うのかと思ったら、無言だった。更に追い打ちをかけたのが、私がさっき渡した封筒の扱いだった。ホテルを出る際に、忘れ物がないか部屋の中を確認していたら、テーブルの上にその封筒が置かれたままだったことに気づいた。私はそれを指さして「大事なもの、忘れてるよ」と言ったら、彼女は

「あっ、それカラなんです」。私はこの失礼な態度に我慢がならなかった。歌舞伎町でお別れし、そして二度と会うことはなかった。

山下朋美　九七万円のバッグ代を支払わない。即、LINEをブロック

ブラック、Cタイプ、二六歳、一七一㎝、Cカップ。イタリア人とのクオーター。日本語・英語・イタリア語の三か国ができる才女。自分は他の交際クラブにも登録していて、あなたは都度三〇万円の女性と言われたそう（ほんまかいな?）。かなりプライドも高い。確かに美人だとは認めるが、正直そこまではないなー。顔ばれを非常に気にしていて、徒歩での移動はいつも嫌がった。手をつないで街中を散歩するなど、絶対にNG。また、交際クラブでのプロフィール写真はモザイクがかかっている。でも、会話の端々にインテリジェンスを感じて楽しいし、美人だし、ベッドではエッチ度全開だし。当初は、彼女とは長いお付き合いになるだろうと期待していた。彼女には不思議な趣味（?）があって、ペニスから精液がほとばしる瞬間を見るのが大好き。

フル勃起状態になり、挿入しようとしても、フェ○と手コ○を止めたがらない。このため、挿入しないで終了となることが多かった。
「俺も舐められたもんだなぁ」結局、金をむしり取られただけだった。「朋美さん、これからもその調子で頑張ってねー」

【ある日の出来事・一】

ある時、豊胸手術をしに韓国へ行ってきたとのこと。美意識は相当高い。自分の脇の下の脂肪を切り取って胸に入れるだけなので、安全な手術なのだそう。帰国直後に会ってランチしていたのだが、ワンピース姿の胸のシルエットがとても綺麗だった。それを褒めてあげたら嬉しそうにしていたが、胸が突然大きくなったので、着られるワンピースがこれしかなくなってしまったそうだ。所謂「嬉しい悲鳴」というやつ。その後、ホテルで手術直後の胸を見せてもらった。というより、彼女は大きくて綺麗になった胸を早く私に見せたがった。まだダウンタイム中なので、今日は見るだけで触らないでほしいと言われた。大きくなったことより、形が綺麗になっていたことに驚いた。今外した下着は昨日買ったばかりのもので、Fカップだそうだ。手術前のカウンセリングでは、サイズは二カップ大きくなると聞いていたが、実際にはCから三カップ分アップしてFになっていた。

胸の大きさや形にコンプレックスがあるのであれば、豊胸手術はお勧めである。女性としての自己肯定感アップ、キャバ嬢やフーゾク嬢ならダイレクトに収入アップなど、費用対効果はバツグンである。彼女は（彼女に限らないが）ホテルに入ったら、いつもならまず歯磨きをするのだが、いきなり上半身裸になるのである。どれだけ嬉しかったのかが分かる。もし私が女性なら、若いうちに必ずやっている。

余談だが、ある人が「お金と胸はなくても幸せになれる。でも、あればあっただけもっと幸せになれる」と言った。名言である。

【ある日の出来事・二】

銀座のT亭で鰻が食べたいというので、一一時にお店の前に並び、整理券をもらった。開店時間の一一時半に彼女が現れ、二階の席でうな重のランチ。二週間前が彼女の誕生日だったので、プレゼントにディオールのバッグを買ってほしいという。今だけの限定品があるので、とりあえず見に行こうと言われた。少し嫌な予感がしたが、徒歩で銀座並木通り店へ。七七万円。買ってくれと言う。五〇万円までなら出してあげるから残りは自分で払って、と言ったら、拒否。結局全額私が払うことに。

【ある日の出来事・三】

今度は、今月マネージャーに昇格したという（本当かな？）ので、プレゼントにルイ・ヴィトンのバッグを買ってほしいという。どうしても欲しいデザインのものがあるので、とりあえず見に行こうと言われた。これは、先日のディオールのバッグと同じパターン。「今回は見るだけで、買わないよ」ランチの後、徒歩で銀座三越店へ。九七万円。案の定、買ってくれと言う。どうしても買わないと言って、お店を出た。駅へ向かって歩き出そうとしたら、入り口横で引き留められ、押し問答。結局、とりあえず今ここで私が全額払ってあげて、半年以内に二七万円（私の負担は七〇万円）バックしてもらう、ということで落着した。

中央通りでお別れしたが、帰りの電車の中でLINEが届いた。「大好きな○○さん。よく考えてみたら、これから暫くはお金に余裕がないことが分かりました。なので、やっぱり私はお支払いできません。ごめんなさい」だってさー。マネージャーに昇格したら、お金に余裕が生まれるはずなのに。即、LINEをブロックした。お付き合い期間、わずか四か月。この娘、もう少しこのパパをうまく利用すれば良かったのに……。とりあえず、今回は二七万円を負担しておいて、半年・一年、場合によってはもう少し長く引っ張れたのに。二七万円で、ディオールとルイ・ヴィトンのバッグが手に入ったと思えば、超ラッキーだろう。恐らく彼女は、これまでこんな風におじさんをうまく操ってきて、これからもこの手法でやっていくのだろう。私としては、かなり高い授業料となった。まぁ、プレゼントとして、服くらいならいいが、バッグは桁違いになるから、もう一緒に見に行くのはナシだな。

広瀬愛華　中折れ事件で、アフターピル。性格の不一致

プラチナ、Cタイプ、二四歳、一六四㎝、Fカップ。美容クリニック勤務で、胸の大きさといい、形といい、完璧。ランチで話が弾み、その後ホテルへ。フィニッシュしてペニスを抜いたら、ゴムが抜けてしまっている。そう言えば、途中で中折れしそうになったっけ。あの時に抜け落ちてしまったのだろう。超まずい。彼女はあわてて浴室へ。膣の中からゴムを取り出して、激おこ。

愛華さん：「もう、どうしてくれるの？　妊娠したら、あんたのせいよ」と言って、スマホで病院を探し始めた。予約を済ませ、これから病院でアフターピルを処方してもらうという。診察代とお薬で一万六千円だそう。それから、明日もパパ活の予定があるけど、一日安静にしなきゃいけないから、キャンセルせざるを得ない。交通費一万円がもらえなくなってしまった。だから、その分も含めて、トータル二万六千円

を今払ってくれという。何度も謝りながら、三万円を渡した。更に、明日のキャンセルはあなたのせいだから、クラブ側に早めに連絡してくれと言われた。

確かに私の側に非があるのだが、常に完璧に避妊できるとは限らない。自らも事前に何らかの対策を取っておいてほしかった。こんな性格の彼女なら、お付き合いしても長続きはしなかったであろう。以下、その後のLINEでのやり取り。

一五時五三分　私：「愛華さん、ごめんなさいー。何かあったら、連絡ください」

一六時二二分　愛華さん：「はい」

（翌日）

八時三七分　私：「愛華さん、おはようございます。昨日はクリニックに行かれましたか？　具合は如何ですか？」

一〇時三六分　愛華さん：「勿論です。今日は吐き気がすごいので寝てます。明日には治るかと思います」

一〇時三八分　私：「くれぐれも、お大事になさってください」「〇〇クラブとやり取りしました」

「昨日、広瀬愛華さんから、デートの前日キャンセルの連絡『九／二五（日）分』があったかと思います。これは、私とのデートの最中に起きたトラブルが原因です。全ての非は私にあり、彼女は全く悪くありません。なので、彼女の評価は下げないようよろしくお願いします」

⇒

「〇〇様　いつも大変お世話になっております。

広瀬さんとのデートのフィードバック誠にありがとうございます。

状況は分かりませんが特に星評価が下がることはございませんので、ご安心くださいませ。今後ともどうぞよろしくお願い致します。

〇〇クラブ　担当　〇〇」

一七時三九分　愛華さん：「お心遣いありがとうございます。家にあった吐き気止め飲んだら治まってきました」
一九時五三分　私：（スタンプ）

（四日後）
八時四七分　私：「愛華さん、おはようございます。その後、具合は如何ですか？　体調の変化など……」
九時三六分　愛華さん：「おはようございます。生理が来るまで何とも言えないけど体調はもう大丈夫です」
九時四〇分　私：（スタンプ）

（六日後）
一七時二一分　私：「愛華さん、こんにちは。う～ん、あれは来ましたか？」（未読）

（翌日）
二一時三二分私：「レスがないので、ブロックされたようですね。残念です」（未読）

森なな　現役の売れっ子AV女優。遅刻しても詫びない。最悪の経験

ブラック、Cタイプ、二四歳、一七〇㎝、Gカップ。現役の売れっ子AV女優。

一一時半にホテルのロビーで待ち合わせ。時間になっても現れないので、クラブのスタッフに電話。すると、彼女は三〇分時間を間違えていたそうで、一二時には到着するという。でも一二時を過ぎても現れない。再度スタッフに電話。一二時半頃になるという。一二時半を過ぎてもまだ現れない。これで、時間を間違えていたというのは嘘と判明。また、スタッフに電話。キャンセルということにしますか、と聞かれたが、とりあえず有名AV女優には会ってみたいと思い、もう少し待つことにした。一二時四〇分、登場。「ごめんなさい」の一言もなし。もうこれで、今回限りと決めた。予約していたお店には、何度か遅れる旨の連絡を入れていた。ランチをしながら、凄い

ことを言い出した。冗談じゃない！　ふざけるな、何様のつもりだよ！　その後、一応双方が納得。ホテルに入った。彼女はすぐに全裸になった。確かに体は綺麗だった。特に胸は形・大きさ・色合い・肌質、そのすべてが最高だった。でも、キスは嫌と言われた。もう、我慢の限界。指一本入れずに、じゃなかった、指一本触れずにお別れした。最悪の経験だったが、まあ話のネタとしてはアリかな？

余談だが、パパ活をする相手として、AV女優はお勧めしない。本書では、彼女以外にも元AV女優やデビュー直前にキャンセルとなった準（？）AV女優が登場するが、実は彼女たちの他に、三人のAV女優のガールフレンドがいた。

Aさんは当時、吉原の高級ソープ嬢だったが、以前二度ほどAVに出演したことがあった。おそらく企画ものだと思う。暫くして、身バレが怖くなり、辞めてしまったとの由。三回目のデートの時、家賃の支払いに困っているから、向こう三か月分の家賃を払ってくれと言われた。彼女は当店でも人気嬢だったので、お金に困っているはずがない。彼女はいわゆる「ホス狂い」だったか、同居している「ヒモ」でもいたのだろう。

Bさんは当時、三〇歳代後半で、豊島区内の某ヘルス店で働いていたが、若い頃に数本のAVに出演していた。ゴルフ場のグリーン上でヤったり、「五〇人連続顔〇」というのもやったそうな。彼女とはお店で遊んだり、プライベートでデートしたりした。ある日、同店に可愛らしい新人が入ったので、一度遊んでみることにした。とてもいい娘で楽しかったのだが、後にそれがBさんにバレてしまった。彼女はその店のオーナーとは長年のお付き合いがあり、客のデータは全て見せてもらえる。そういう訳で、私が他の娘と遊んだのがバレたということ。彼女はもう私とはデートしないし、お店は出禁にするとまで言われた。彼女がそこまでプライドが高いとは知らなかった。その後、お店に足を運んで平謝りして、関係は一応修復した。しかし、その後二度と会うことはなかった。

Cさんとは、交際クラブで知り合った。彼女は当時現役のAV女優で、言うまでもなく、顔も体も申し分なかった。二一歳で、若さもはじけており、性格もソフトである。ただ、如何せん、ほとんど何もしゃべらない。私の話にただ笑顔でうなずくだけである。会話のキャッチボールがない。要するに、「頭が悪い」の一言に尽きると思う。

デートは二回が限界だった。

竹田カレン　金に困っている友人との三Pを提案されて、即ブロック

プラチナ、Cタイプ、一八歳、一七二㎝、Dカップ。現役モデルでスペイン人とのハーフ。確かに綺麗でスタイルもいいのだが、初対面からため口で、いかにも頭が悪そう。アイドルの友達がいて、写真を見せられた。正直、あまり可愛くない。ぶっ飛んだ性格で、次回（二回目）会う時はこの友人を入れて三Pがしたいと言い出した。このアイドルの娘はお金に困っているらしい。「それも面白そうだね」とお茶を濁しておいた。食事が終わって、帰りの電車の中でLINE。「ちょっと、君にはついていけそうにないね。ごめんなさい」と言って、サヨナラした。（即、ブロック）

第９章

美女と私　観劇や演奏……何気ないデートが幸せ

木島ゆかり　歌劇団の公演へ。誕生会を中野のレストランで

お店の名前は『エスポワール』といい、吉原の高級ソープランド。一一〇分で六万五千円である。一七一㎝、Dカップ、二四歳、エッチを通り越して、ザッツ『変態』。でもこれ、フーゾク嬢に対しては最高の褒め言葉である。父親はイギリス人だが、その父親自身はイタリア人とオランダ人とのハーフ。彼女はいろんな血が混じって、どんどん綺麗になっていく典型例かもしれない。母は自分がソープ嬢だということを知っている。それどころか、もしもう少し若かったら自分もやりたかったみたい。母は〇〇大学卒後、某有名商社入社。二年後に辞めて単身イギリスへ。そこで知り合った男性と結婚。とてもアクティブ、というか、ちょっと破天荒な性格。

そんな母から生まれた彼女なので、彼女自身もはじけている。そして、頭も良く現在超難関の〇〇大学四年生。手をつないで街中を歩くのはOK、長時間のデートもOK、全裸写真撮影OK、普通にごっ〇んしてくれる。時々お客さんにもしてあげるそ

う。顔〇もOKなのだが、私はしてもらったことはない。お客さんが希望した時には、その後の化粧直しのため二〇分ほど時間をもらってやってあげるそうである。今振り返ると、自分も一度は経験すべきだった。余談だが、私のあれは量が多くて無味無臭だそうな。（失礼しました！）彼女はとびっこが好きで、会うとすぐに「あれ貸して」と言う。まずトイレで挿入し、それからお食事。途中で、よく「あっ、止まった！」と言っていた。まさに、ソープ嬢になるべくして生まれてきた娘である。

一年ほど続いたが、九日間LINEの返信がなかったのを機に、お別れすることにした。暫くして、二度ほど「またお会いしたい」旨のメッセージがあったが、既読スルーした。この娘に限らず、私はまる二日返信がなければお別れすることにしている。これは、私が気が短いからなのではなく、自分が大切にされていないと感じるからである。

【ある日の出来事・一】

彼女はこの店で働き始める前は、〇〇でキャバ嬢をやっていたとのことだった。そこは、私が週末に住んでいるマンションの、三つ隣のビルの地下のお店。駅・コンビニ・メシに行く時には、必ずこのお店の前を通る。このお店で使っていた源氏名が「みさき」だと聞いていた。ある土曜日の夜、お店の前には、いつものように呼び込みのおにいちゃんが立っていた。

私：「今日はみさきちゃんは出勤してますか？」と、わざとらしく聞いてみた。
おにいちゃん：「みさきちゃんは、数か月前に辞めちゃったんですよ」
私：「えっ、辞めちゃったんですか？　ショックだなぁ。それで、今何をしているんですか？」
おにいちゃん：「それが、よく分からないんですよ。一度、お店が閉まった後に遊びに来たことがあるんですけどね」
私：「そうなんですか。みさきちゃんがいないなら、もう来る気がしないなー」
勿論、このお店に一度も来たことはない。

彼女にこの話をしたら、

ゆかりさん：「そのおにいちゃんって、どんな人だった？　痩せていて、小柄だった？」
私：「うん、そんな感じだったかな？」
ゆかりさん：「あっ、じゃあそれケンイチ君ね」
私：「次回、〇〇に来た時には、連絡してね。お店で飲んだ後、泊めてあげるから」
ゆかりさん：「ありがとう。そうするね」

【ある日の出来事・二】

ある日、日比谷で歌劇団の演劇を観に行った。デートの前日に、「明日はミニかミニのワンピで来てねー。できればノーパンで（笑）」とLINEしたら、当日本当にノーパンで来た。一一時三〇分に有楽町のビックカメラ前で待ち合わせ。有楽町マリオン近くのイタ飯屋でランチ。一二時三〇分頃に、手をつないで日比谷公園へ。ベンチで何度かキス。一三時過ぎに劇場へ。エスカレーターで三階へ。この時、一段空けて私が下に乗ったら、中が見えるとまずいから、空けないですぐ下の段に来てくれと言われた。一三時三〇分から休憩をはさんで一六時三五分終了。その間、ずっと手を握っていた。私はこの歌劇団の演劇を観るのは二回目だったが、彼女は初めてだったので、感激の嵐。特に最後のダンスは圧巻で、興奮状態だった。

公演終了後、近くで軽くお寿司。この後彼女は、赤坂見附にソープマットが備え付けてあるラブホテルがあるので、そこに行こうと言い出した。既に彼女は『七つ道具』を持参しており、サービスする気満々だ。タクシーで向かい、予約はしていなかったが空いていた。彼女にこんなプレイをしてもらうのは、お店での初対面の時以来だ。アナ〇を舐めてくれるし、もう狂ったような快感だった。


【ある日の出来事・三】

ある日、彼女の誕生会を中野のレストランでやった。最後には、小さな花火が乗った誕生日ケーキが運ばれてきた。その後、生演奏のあるカラオケ店に行った。彼女は、自分は歌が下手でポンコツだと言っていたが、半ば無理やり連れていった。シャ乱Qの『シングルベッド』

をやった。私がドラムを叩き、彼女に歌ってもらった。ドラム以外はお店のスタッフが演奏してくれた。確かに彼女の歌は思い切りポンコツだったが、そんなもん全然ＯＫ。

天海エレナ　観劇で彼女の母親に会い、ドラムを教えた

プラチナ、Ｃタイプ、二五歳、一七五㎝、Ｅカップ。ブロンドのクロアチア人だが、日本の永住権を持っている。一昨年までＡＶ女優をやっていた。彼女の美貌・存在感は抜群で、街中ですれ違う男性（否、女性も）の視線が凄い。「この金髪女性、一体誰なの？」みたいな顔をしている。彼女の実家は首都ザグレブ。クロアチア人の両親のもとに生まれたが、その後離婚。母親は日本人男性（商社マン）と再婚し、一七歳の頃に東京に移住。たどたどしい日本語ながら、二一歳からキャバ嬢をやっていた。母親は再度離婚し、現在は西武線沿線に二人で住んでいる。なお、その母は母国の超有名大学（日本でいえば、京都大学あたり）を出ているインテリである。彼女は青山通りを歩いているところをＡＶ女優としてスカウトされ、単体の女優としてデビューした。

一本目と二本目の報酬が一二〇万円で、三本目以降は八〇万円に下がったとのこと。日本語はあまり上手ではないが、そこが逆に受けるのかも？　ザグレブに帰省した時には、いつもお土産にチョコレートを買ってきてくれる。でも、正直かなりまずい。彼女の母は超エリートなのだが、彼女自身はあまり頭が良くない。お父さんの頭が悪かったのかな？　性格はソフトで優しく、声も小さい。外国人なので、やはりテクニックは雑で全然うまくない。その分鳴き声が大きいとこちらも興奮するのだが、それもない。でも、あれだけの素材なので、全然ＯＫ。ＡＶ撮影のない日は、時々撮影会があるそうだ。一人三万円で、四五分間個室で独り占め。ヌードやコスプレＯＫ。一五分休憩してまた次の客。そうして、一日八時間のお仕事。

　実は彼女とは、東京五輪のテニスの試合を見に行く予定だった。大阪なおみ選手が優勝することを期待して、テニス女子シングルス決勝戦が行われる日の、

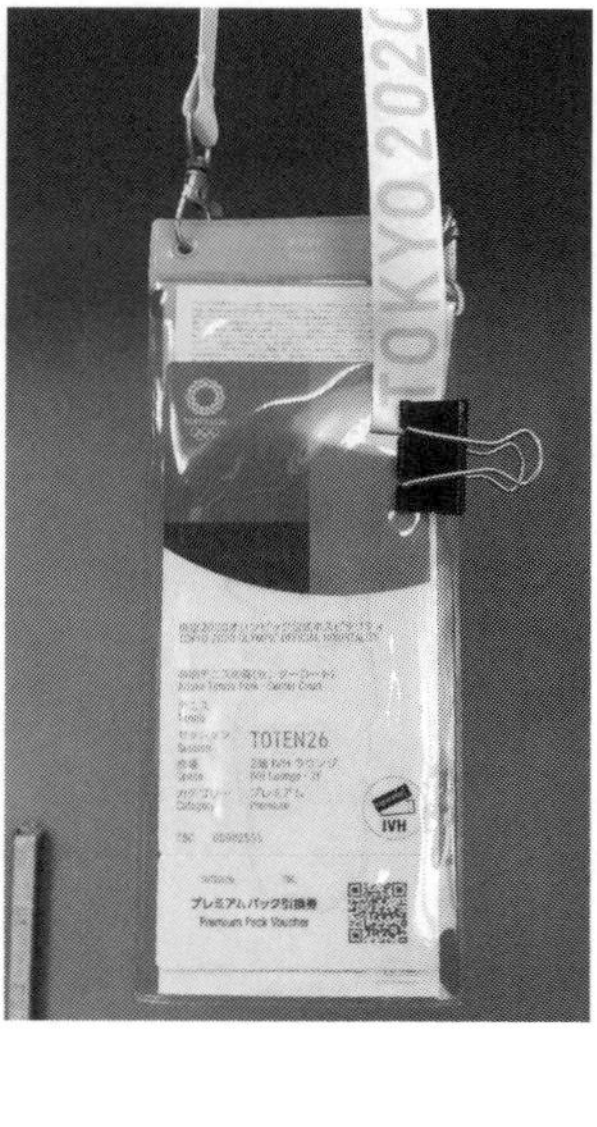

五二万八〇〇〇円のプレミアムチケットを入手したのだった。それはそれは、二人ともとても楽しみにしていた。しかし、結局のところ無観客試合となってしまい、このプレミアムチケットは、敢え無く紙切れとなった。

一年半続いたので、最長のガールフレンドだったともいえるのだが、ある理由で会うのは二か月に一度のペースだった。急に撮影の予定が入ったり、気管支炎になったりなどでリスケが続いたため、段々とめんどくさくなり、会うのをやめてしまった。彼女のいうこれらの理由は、本当だったかは知る由もない。ただ、思い出に残るガールフレンドの一人であることだけは間違いない。

【ある日（初日）の出来事・一】

一六時三〇分に、池袋のビジネスホテルで待ち合わせ。そこで、少し早めのディナー。彼女はすぐに、自分は〇〇というＡＶ女優だったと教えてくれた。そして、スマホでいくつか自分の作品を見せてくれた。交際クラブでのプロフィールに、職業は確かにそう書かれていた。また、本名は〇〇だとも教えてくれた。食事を始めてから二〇分も経たないうちに、彼女から交渉が始まった。最初は、えっ嘘でしょ、となったが、割とすんなり決まった。想像通り、胸の形・大きさ・ハリ、脚の長さ・ライン、腰のくびれなど、申し分なかった。そして、体全体が引き締まっている。スラブ系民族は最もスポーツに向いている体だと聞いているが、納得である。正○位でヤっている時、両手を恋人つなぎして、キスをしようとしたら、自分の口が彼女の口に届かないではないか。私の身長は一七五㎝で、彼女も同じだったはずである。元妻も一七二㎝あり、同じプレイをしても何の問題もなかったのに。恐らく、実際は一八〇㎝近くあるんだと思う。ＡＶ女優は、どんな作品でもだいたい中○しプレイがあるので、ノースキンでＯＫだと思い、まんま、いつものように大量に放出。次回会う日を決めて解散。

次回会った時、彼女は「実は私、あの後すぐにカンジダ（性病ではない）になっちゃった」と言った。中に出されたのは初めての経験だったそうだ。ＡＶの撮影において、中○しすることはまずないそうだ。映像に映らないように、上手にコンドームを装着

し、顔○の直前に上手に外すとのこと。知らなかった〜。なら、そう言ってくれればいいのに……。いや〜、本当に申し訳ない！　その直後に撮影はなかったので、仕事に支障はなかったみたい。逆にいえば、誰もが憧れるであろう○○ちゃんに中○ししたのは、この俺様だけということ（？）勿論、その後はちゃんとゴム着でヤっている。

余談だが、中○し以外にもＡＶ撮影において、いろいろなことを教えてもらった。顔○でぶっかけるのは、本物ではないそうだ。ＡＶ男優と恋仲になることは、ほぼないみたい。例外もあるそうだが、彼女の場合は絶対にそういう気持ちにはならないらしい。そもそも連絡先交換はＮＧとのこと。

余談ついでに、最近のＡＶの視聴者について。数年前までは、ＡＶといえば、わざわざＤＶＤのレンタルショップに行かなければならなかった。なので、どうしても女性はＡＶ作品を借りづらい。でも今はネットで気軽に見られるので、女性もハードルがかなり低くなった。ＡＶ視聴者の四割が女性だということ、皆さんご存知でした？

更にいえば、女性にはレイプものが人気なんですよ。

【ある日の出来事・二】

実は、私は一度彼女の母親に会ったことがある。歌劇を観に行こうと誘ったら、「お母さんも行きたいと言っているので、友達の分も含めて四枚入手できないか」と言われた。そして、四枚ゲット。当日、入り口のチケット売り場付近でお母さん達と待ち合わせ。友人は急遽来れなくなったそうだが、持っていた二枚をあげた。背はそんなに高くなく、割と普通のおばさんだった。私達の席は何と、一階二列目の中央。お母さんはやや離れた七列目のやや左寄り。ここでも十分特等席。観劇中、私達はずっと手を握っていた。とても幸せな気持ちだった。彼女はグリーンが基調でイエローが混じったワンピース姿だったが、いつもセンスはイマイチ。

【ある日の出来事・三】

展望レストランで、二六歳の誕生日のお祝いをした。素敵な女性がグランドピアノで生演奏。雰囲気は最高だった。この時私は、その反対（?）の六二歳。夜景をバックに彼女の美しさが映える。これぞ、世の男性の誰もが夢見るパツキン美女との、絵に描いたようなデート。

【ある日の出来事・四】

ドラムを叩いてみたいということなので、何度かミュージックスタジオを借りて、一緒にやってみた。通常、どの部屋にもドラムセットは備え付けてあるのだが、一セットだけなので、もう一セット加えてもらった。基本のエイトビートを教えた後は、私を見ながら、見よう見まねでやってもらった。時々、動画の自撮りをしていた。お母さんに見せるのだと言っていた。ゆっくりでシンプルな曲がいいので、レミオロメンの『3月9日』、Kiroroの『未来へ』、JAYWALKの『何も言えなくて…夏』などを一緒にやった。

第10章

美女と私　パッキンとHカップ

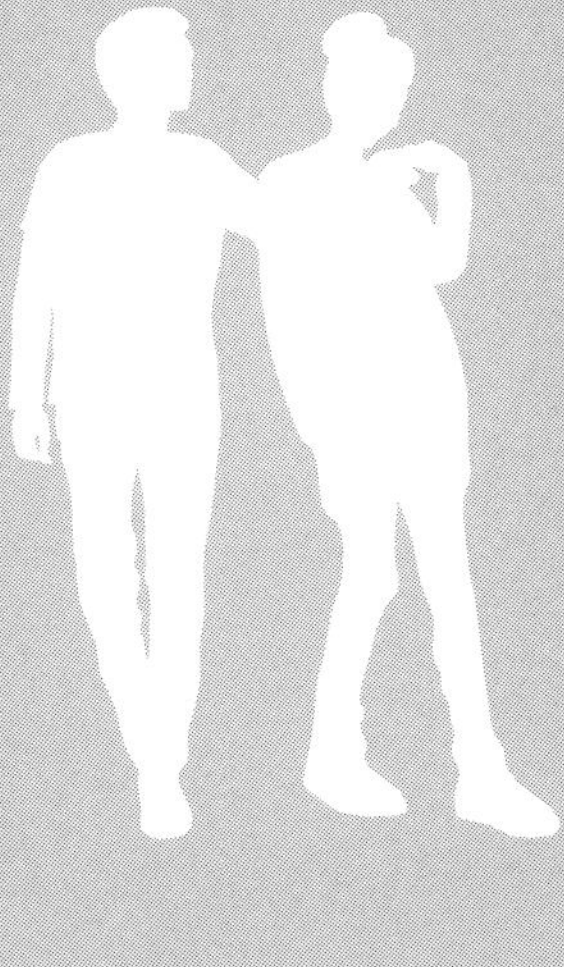

エミリア・シュミット　エマ・ワトソンとほぼイコール

ブラック、B一タイプ、二五歳、一六八㎝、Cカップ。ポーランド生まれのオーストリア人。こんなに美しい女性がいるのだろうか？　雰囲気はまさに、ハリウッド女優である。愛知県で二年余り英語の先生をやっていたが、転職活動のため最近上京してきた。すぐに就職先が決まった。この機に交際クラブに登録。当該ホームページで登録女性全員を見ることができるが、恐らく彼女がナンバーワンだろう。決して大袈裟でなく、スタイルも含めてスーパーモデル級である。ただ、会話は全て英語だったし、ビーガンである点が、少々めんどくさかった。

彼女は日本国内のビーガンレストランのリストを私に送ってくれていて、その中から良さそうなお店を私がチョイスし、そこでデートしていた。ある日のこと、私は某有名ホテルのランチビュッフェを予約した。当然ここはビーガン専門店ではない。でも、いろいろな食材が揃っているだろうから、彼女には自分が食べられそうなものをよく見て選んでもらえばいいだろうと思ったのだった。しかし、席まで案内してくれた担当者に、彼女はビーガンだということを伝えたら、厳密に言えば、ビーガンが食べられる料理は、パイナップルとグレープフルーツだけだと言う。サラダも、ドレッシングにいろいろなものが入っているので、お勧めできないという。すると、わざわざ責任者がやって来て、一人当たりの料理三八〇〇円に見合う特別料理を作ってくれるという。ほどなく料理がやって来て、彼女は大感激！ ただ、私が見ると、正直寂しげな粗食であった。お皿にはお寿司も乗っていたが、如何せんかっぱ巻きだけだった。

あれは忘れもしない。家庭の事情で、急にオーストリアに帰らなくてはいけなくなった。七月一四日（木）が帰国日で、前々日の一二日（火）なら空いているとの由。これまでの三回のデートは食事だけだったが、あなたなら信頼できるから、ホテルOKとメッセージあり。この目の覚めるような美人とヤれる訳である。私は週の前半

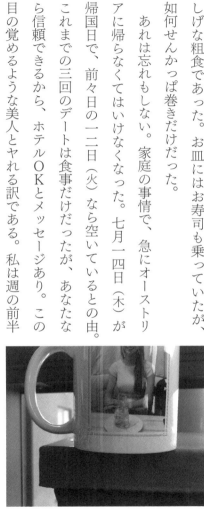

は東京近郊で仕事をしているのだが、新幹線を使えば、片道二時間弱で行って帰れる。しかもその頃は仕事が暇だった。でも、何故か「仕事が忙しくて、東京に行けません」と言って断ってしまった。俺はバカか？　目くるめくような、人生最高の日となるはずだったのに……。

私は、次回彼女に会う時に、オリジナルのマグカップをプレゼントすることにしていた。池袋のビーガンレストランでデザートを食べ終えた後に撮った写真をマグカップの外側に張り付けたものだ。キッチンの上の棚の中に寂しく眠っているのを久々に取り出してみた。今頃彼女はどうしているだろうか？　彼女の人生の中に、この私はかすり傷さえも残せていない。結局、丸ノ内線の池袋駅改札前でハグをしたのが最後となってしまった。あの時の柔らかい感触が、今でもこの体に残っている。

ジャンヌ・ロベール　性格が悪く、ただ綺麗なだけ

プラチナ、Cタイプ、二七歳、一七〇㎝、Dカップ。綺麗な大学院生で、ザッツ、

フランス人。当交際クラブで最初にオファーした女性。日本語はほとんどできない。全て英語で会話だったため、結構なストレスだった。二度目のデート後、もうお付き合いはできない旨のメッセージがあった。結局、彼女とはお食事だけで終わった。結論はそういうことなのだが、そのメッセージの文面は何かヘンだった。やっぱり、フランス人は嫌な奴だった（偏見？）。マッチングアプリで出会った四二歳の女性の言葉を思い出した。彼女はフランスの会社の日本法人に勤めていたのだが、「フランス人は知れば知るほど嫌いになる。フランスは好きだけど、フランス人は嫌い」まあ、しょうがない。

なお　AV女優としてデビューすればいいのに……

お店は『エトワール』という名前の池袋のイメクラで。八〇分で二万円である。一六五㎝、Hカップ（ずっとGカップだと思っていたが、ランジェリーショップで採寸したら

Hだった)、二六歳。巨乳だが腰のクビレがとても綺麗な娘。受付を済ませて近くのホテルで待つ。アイマスクをして立つなおさん。そして最初に、彼女の手を触ったのだった。「どうして最初からスカートの中に手を入れてこないの? こんなお客は初めてよ」と後で言われた。そんな遠慮がちな私を気に入ってくれたのか、お誘いをOKしてくれた。

今思い起こすと、私は魅力的な彼女の胸(椰子の実状)に触れたことはほとんどなかった。どうしてかな? 後に池袋のソープ店に移籍し、そこから近くの巨乳専門のヘルスへ。そこで看板娘として動画デビュー。全裸写真撮影OKで、半年ほど続いたが、何となく会うのをやめてしまった。

第11章

美女と私　これが女子大生のパパ活の実態だ

中村由紀　みんなやってるよ

お店の名前は『フローラ』といい、吉原の中級ソープランド、一〇〇分で四万二千円である。一六二㎝、Dカップ、二二歳。お嬢様学校の〇〇女子大学四年生。超難関校の〇〇大学に合格したが、心理学がやりたくて、当校に進むことにした。彼女は中学生の頃からソープ嬢に憧れていて、二〇歳になったら、すぐにソープ嬢をやると決めていた。なお、東京においては、一八、一九歳の娘はソープランドでは働けない。よくありがちな、『キャバ嬢→デリヘル嬢→ソープ嬢』というのではなく、計画通り大学二年生の夏に、即ソープ嬢としてデビュー。やはり、超エッチだった。一八歳までバレエをやっていたので、脚が綺麗。四月からは不動産会社に就職が決まっているが、今後週一くらいでソープ嬢を続ける予定だと言っていた。

若いしロリ系のファッションが似合いそうだったので、新宿のアマベルで、可愛らしい白が基調のワンピースを買ってあげた。あのデザインは、ややリズリサ系かな？

聡明で優しそうないい娘だったが、三か月続いた後、何だかつまらなくなってきて、会うのをやめてしまった。

【ある日の出来事】

ある日、彼女が学食でランチをしていた時の話。隣に三人組のグループがいた。そのうちの一人が「実はあたし、最近パパ活を始めたのよ」すると、他の二人も「えっ、ほんと？　実はあたしもやってるの」との会話。そうすると、そこにいた四人は、一人はソープ嬢、三人はパパ活嬢だったということ。お嬢様女子大として名高い〇〇女子大学でコレである。だとすれば、最近の若い女性の実態は推して知るべし。

第12章

美女と私　現在進行形のガールフレンド

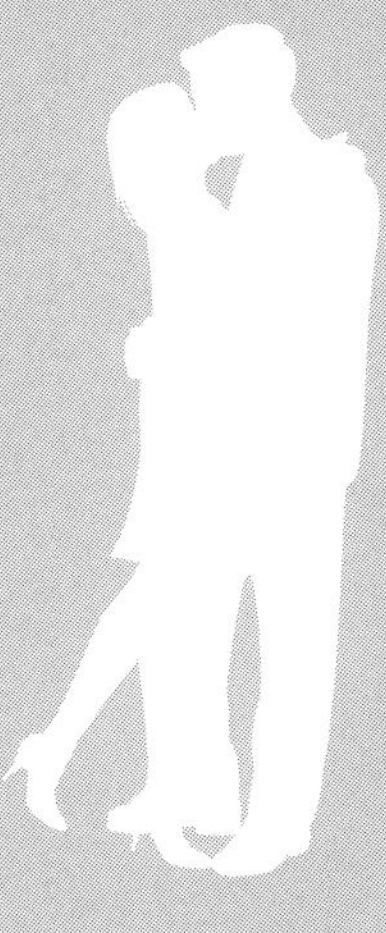

みどり　男性を幸せにするために生まれてきた

お店の名前は『シリウス』といい、吉原の高級ソープランド。一二〇分で六万円である。一六〇㎝、Dカップ、二六歳。『綺麗』と『可愛い』のハイブリッド。まさに、天下無敵といえる。以前は超高級店のS店に在籍。昼職はネイリスト。いつもお互いに立った状態から始まる。彼女がまず下着姿になる。次に私のズボンを下ろす。パンツの状態になると、それを普通に脱がすのではなく、右側または左側からペニスを取り出す。そして、唾液をダラダラ垂らしながらのフェ〇が始まる。床はびしょ濡れ。超エッチ。アナ〇の舐め合いは最高で、気が狂いそうになるほどの快感。みどりさんの初体験は高一の時、テニスコーチと。余りに綺麗なので中高生の時にイジメに遭っている。どうしても写真を撮らせてくれない。身バレを極端に恐れている。お店の宣材写真も他のキャストより一層ぼかしている。見た目も性格も仕草もタレントの小林麻耶にそっくり。ただし、ルックスは彼女の方が上だろう。常に可愛らしく振舞うのも、完全に地でいっている。

自分を含め現在パパは一三人。私とは池袋界隈で一一時半に落ち合って、一五時半～一六時頃に解散というパターンなのだが、ほとんどの場合、その後一六時半か一七時に新宿で次のパパをお相手するそうである。パパが一三人もいれば、そうするのが効率的だろう。一度、ダブルヘッダーならず、トリプルヘッダーもあった。ある時、歌舞伎町のラブホテル『B』で、一二時に一人目、一五時に二人目、一八時に三人目をお相手したそうである。一人目と二人目はホテルでセックスのみ、三人目はホテルの後ディナーに行ったとのこと。

外で会い始めた頃「次回はミニかミニのワンピで来てね」と言ったら、過去に二度怖い思いをしたことがあるので、それはできないと断られた。その日はミニスカートを穿いていて、電車に乗り帰路についていた。電車から降り、徒歩で自宅へ。ドアの前まで来た時、すぐ後ろに下半身を露出した変態男性が……。急に抱き付かれて、精子をかけられた。後日、またほぼ同じような体験（別の男性）をしたそう。それからは、真夏でもロングスカートしか穿かないことに決めているという。その代わり、いつも可愛らしいミニを持ってきて、部屋の中で穿き替えてくれる。確かに、彼女のミニスカート姿は、文字通り「犯罪」といえる。これを見た男性の行為も、むべなるかな〜（そんなこと言っちゃいけません！）。後ろ手に手錠をかけ、上下白赤の体操服でコスプレをしてもらったことがある。この、いい意味での背徳感（こんな日本語あったかな？）がたまらない。あれっ、この私も立派な「犯罪者」か？

これまでに数千人（数万人かも？）の相手をしてきたが、この私のテクニックが最高だそう（多分、お世辞九割）。ある日のこと、「どうして〇〇さんの全身リップがこんなに気持ちいいのかしら？　舌を見せて」と言われた。べ〜、とやると、「この厚みのある舌がその理由かも？」と言って、まじまじと観察していた。私の大量に放出するザー〇ンも大好きのようで、「また、いっぱい出たね」とよく言っていた。

ソープ嬢のお仕事は楽しいそうだ。ソープ嬢の仕事を好きでやっている娘は、私の感覚では、二〇〜三〇人に一人くらいだろう。ある日、私が手術してもらったＰクリニックで、院長のO先生に診てもらったら、「あなたのお顔は直すところが見つかりません」と言われたそう。私は、「あなたのお顔は完璧です」と美容外科医に言ってほしくて、わざわざ診てもらったんでしょ?」と言ったら、一応否定はしていたが……。それほどの美貌の持ち主。右の胸がやや小さいのを気にしているみたいだが、そんなこと言われないと気づかない。彼女の今世のミッションは、「多くの男性を幸せにしてあげること」である。本人にもその自覚があるようだ。実のパパにも優しく、毎月東北地方のある温泉に連れていってあげているそうだ。一緒にお風呂に入っていないことを望むばかりである。

お付き合いを始めて一年が経過した頃、さりげなくフルネームを教えてくれた。こんな私を信頼してくれたのだと思うと、とても嬉しかった。

【ある日の出来事】

池袋のTというブラジル料理のお店で、シュラスコなどを食べた。同じ建物内に私が毎週ドラムを習っているミュージックスクールがあるので、彼女をそこへ連れて行った。元々彼女はヘビメタが好きで、よくライブを見にいったりもしているそうな。そしたら、私がドラムを叩くところが見たいと言い出した。たまたまその日はレッスンがお休みの日で、レンタルが可能だった。そこで、一時間ほど借りることにした。彼女はサザンオールスターズが大好きとのことだったので、『LOVE　AFFAIR　～秘密のデート』それから、荒井由実の『ひこうき雲』映画のテーマソング『愛と青春の旅立ち』セーラームーンの主題歌『ムーンライト伝説』などをやった。とても喜んでくれたし、ついでに動画も撮ってくれた。室内には三台あるので、みどりさんもちょっとやってみないかと聞いてみたのだが、恥ずかしがってやらなかった。『ムーンライト伝説』をやったら、「あたし、コスプレ衣装持ってくれば良かったわー」だって。私はそのフレーズを聞いただけでドキドキしてしまった。

大西直美（プロローグ記載の娘） これまでに私が出会った最高の美女

お店の名前は『ジェンティーナ』といい、吉原の高級ソープランド。一一〇分で六万八千円である。一六四cm、Eカップ、三二歳。このお店の前は、日本三大ソープの一つと言われる『P』に在籍していた。三二歳だが見た目は二二歳。上品で透明感がハンパない。スリムな超美人で、すれ違う男性誰もが振り返る。『P』でやっていたくらいだから当然だろう。彼女は自分よりも綺麗な女性に出会ったことがあるのだろうか？　斜め四五度の、小ぶりな白い歯が見える角度からのお顔は最高である。確か、百田尚樹の小説『モンスター』（幻冬舎、2010年）に出てくる、ある行。コンビニの雑誌コーナーで、若い女子高生たちが何やらキャッキャッと騒いでいた。超絶美人の主人公の女性がその近くを通り過ぎた。すると、その女子高生たちはピタッと話をやめてしまった。恐らく、彼女にはそれくらいの威力が備わっている。一緒に歌劇団を観に行ったが、この時私の義理の姉・姪がその姿を見ている。さぞかし驚いただろう。

ソープ嬢歴七年、その前はデリヘル嬢五年、更にその前はキャバ嬢なので、接客に関してはもうベテランの域。なので、出会ってすぐにその人がどういう人なのか判断でき、後にそれが覆ることはほぼないそうである。自分の心の中で、「あぁ、この人はAパターンだな、Bパターンだな」となるとのこと。「因みに、この俺はどのパターンなのかな?」と聞いてみたことがあるのだが、「○○さんは新種よ」だそうな。「新種じゃ分からないよ」「○○さんのことは、うまく説明ができないのよ」

騎○位や座○でヤっている時、目の前の光景は何とも美しい。本名はフルネームで教えてくれるが、写真は撮らせてくれない。諦めていたら、先日ベトナム旅行中の写真を現地から送ってくれた。帰国後に、「私、性格がドライなんだけど、○○さんには心開いているのよ」とても嬉しかった。現在継続中。

さとみ　お食事だけのプラトニックだが、会話がとても楽しい

プラチナ、Aタイプ、二五歳、一六七㎝、Eカップ。インテリ大学院生。Aタイプ

の女性にアプローチするのはこれが初めて。ぶっちゃけ、この娘くらい綺麗な女性は他にもいる。でも、ついこの爆発的な透明感にやられて、オファーしてしまった。実は交際クラブでは、ウェブ上で女性からも男性にメッセージを送ることができるシステムになっている。こんな私にも、時々いただくことがある。オファーをする前に、彼女は私に「プロフィールを拝見しました。多彩なご趣味をお持ちですね。一度お会いして、お話ししてみたいです」とメッセージをくれていた。これも、一つのオファーの決め手となった。

彼女は打てば響くので、時の過ぎるのが早い。会話の端々に、さりげないインテリジェンスを感じる。自分が八〇歳を過ぎたら、デートの相手として、このような娘が理想となるのかもしれない。会う前は、まじめ一本やりという印象だった。でも、実際にお会いしてみると、このスレンダー体系に形の良い（と、勝手に妄想している）Eカップのお胸。いやいや、彼女はAタイプなのだから、ヘンな妄想を抱いてはいけない！ でも、スタイルは抜群である。ただ、服装についてはもう少し工夫の余地がある。ロングスカート、淡いピンクのノースリーブやブラウスといった格好で現れることが多いのだが、カラーコーディネーターなどのファッションの専門家に見てもらえば、すぐにでも二、三割は綺麗になる。ところで、彼女は「その先」を望んでいるのだろうか？　私からは切り出さないことにしている。時々エッチな話になったりもするのだが、普通に楽しそうにキャッチボールができる。

先日、ある友人男性からＥＤの悩みを打ち明けられたそうだ。大好きな彼女の前で「だめ」だったそう。私の経験談をお話した。九〇％以上は精神的な問題だから、いろんな女性に触れ合って、優しくしてもらうのが一番だとアドバイスした。お気軽な（ブスとも言う）ガールフレンドを作るなり、フーゾクに通ってベテラン嬢と触れ合うとか。変にセックスをしようなどと考えず、少し長い時間ハグをしてソフトにキスをする。こんな行為を繰り返していると、いずれムズムズしてくるようになる。そうなれば、もう解決である。「是非この話をしてみます」とのことだった。

彼女とはお食事だけということなので、お手当は、都度二万円にしている。果たして、二人の関係はこれからどうなっていくのだろう？　このパターンは初めてなので、自分でも想像がつかない。プラトニックな関係で、一年、二年と続くだろうか？　いずれは大人の関係へと発展していくのだろうか？　現在継続中。

江理香　フーゾク嬢より上手な歯科衛生士

ブラック、Cタイプ、二八歳、一六五㎝、Dカップ。銀座の歯医者で歯科衛生士をやっている。こんな綺麗な歯科衛生士を前にしたら、お口など開けられる訳がない。和服が超お似合いで、自分で着付けした写真を数枚送ってくれた。現在下町に住んでいて、そこから銀座に通っている。

とてもエッチなのだが、本人はその自覚がない。フェ〇はいつもタマから舐める。次にペニスのサイドを舐める。これは、初めてラブホテルに行った時からである。全ての体位が好きで、騎〇位の時は腰を浮かせたりこすりつけたりして、特に激しい。クリは皮が被っているものの、クン〇ですぐにイく。「もう少し上よ。そうそう、スピードを上げて！」など、実況中継も細かい。アナ〇を中指で刺激しながらのフェ〇、ベストタイミングで自らゴムを装着して上に乗っかってくる。高級フーゾク店で働いたら、すぐにナンバーワンになりそう。否、実は既にやっている？　この話を彼女にしたら、ちょっぴり怒っていた。韓国で豊胸手術をやりたいと言っていた。まぁ、不要だろう。アナ○を舐めてあげたら、恥ずかしがってすぐにリタイア。やっぱり、フーゾク嬢とは違うなぁ。初めてラブホテルに行った時から、すぐに一緒にお風呂に入りたがった。自信があるのだろう。確かに、胸は理想的な形をしていて、恥ずかしがる素振りは一切なかった。大きさも、Dカップと言っていたが、もう少し大きくないか？湯舟では、即ペニスを握ってきた。本当は寝言など言わないのだが、「キンタ○とか、○○さんの、ごっとかからかってみた。単純に嬉しい。一戦交えた後、必ず寝る。ちょっ○んしたい、とか言ってたよ」と言ったら、「そんなこと言う訳ないでしょ！」と笑われた。

昨年の年末に池袋のスペイン料理店でランチをした。一緒にアヒージョを食べながら、お互いに今年の、そしてこれまでの人生の振り返りをした。彼女は私に、「あたし、実は○○さんを尊敬しているのよ。○○さんって、決断力が凄いしねー」と言ってくれた。彼女は私の前著をよく読んでくれていて、私がどのような人生を生きてきたかを知っている。でも、私の具体的な決断力の話にはならず、「決断力」というワードから、一気に「決断と実行」を政治信条としていた田中角栄元首相の話題にまで飛んでしまった。彼女はただ「綺麗でエッチなおねえちゃん」ではなく、自分の考えをしっかり持った女性なのである。現在継続中。

ところで、私は人生の節目節目で、大きな決断をしてきた。姓を変える、高収入だった大企業を退職、独立起業、離婚、「住みたい街ナンバーワン」にある家を手放す、美容整形手術、多額の借金、音楽のステージに立つ、国内外の多くの女性と交流、エッジの効いた（効きすぎた？）本の出版……。まぁ、過ぎ去ってしまえば、どれもこれも大したことではない。ただただ、自分の好きなように生きてきただけなんですよ〜〜んだ！

エピローグ

「あぁ、やっちまった……。ついに、こんなことを書いてしまった！」

私の本業は不動産鑑定士。それなりの信用の上に成り立つ職業ともいえる。裁判所を含め、公共の機関からの依頼も多い。これを世に出せば、リスクも生じてくる。何といっても、赤裸々な実体験を吐露した「パパ活」の本である。でも、いいじゃないか。やれ世間体だの、いい歳こいてだの、恥さらしだの、家族や親戚に迷惑がかかるだの……？

この私はもう、前期高齢者である。これからは、好きなことだけをして生きていく！　厳しいご批判は覚悟の上である。この本の読者一〇人のうち、たとえ九人に非難されても、たった一人の読者の胸に刺されば、それでＯＫである。

ところで、私はどうしてこれほどまでに、人生が一八〇度変わってしまったのか？

絵に描いたような「クソマジメ」人間だったはずのこの私が、海外のおねえちゃんと遊び、パパ活の本まで出版するとは……。否、変わったのではなく、本来の自分に戻ったのかもしれない。実は、小学生の頃までの私は、天真爛漫な明るい男の子だった。現在の自分は、この頃の自分によく似ている気がする。何でも好きなことを発言し、やりたいことをやり、何の悩みもなかった。毎日がただ単純に楽しかった。

しかし、ご多分に漏れず、思春期の頃（小学六年生くらいか？）から、次第に異性を意識し始めた。当時の母の口癖は、「女の子にモテたかったら、しっかり勉強しなさい」だった。テレビに、綺麗な女性や可愛い女の子が出てくると、母はすぐにチャンネルを替えたり、画面の前に立って邪魔をしたりした。そして、彼女たちの悪口を言い、何かとけなすのだった。所謂「教育ママ」だった母は、私に家庭教師をつけ、多くの習い事をさせた。この頃に、私の心の中に「楽しいこと＝悪」の構図が出来上がった。思春期（に限らないが……）の最大の関心事、つまり、最も楽しいことはセックスである。にもかかわらず、異性に興味を抱くことが、最大の悪事となったのである。私は母の教えを忠実に守ったので、中学生の時には学年で一番の成績で、高校生の時にも一番を取ったことがあった。見方によっては、「性欲を勉学へと昇華させた」ともいえる訳だが、その後鬱屈した思いは続くこととなった。余談だが（これが最後の余談となる）、隣の席にいたA君は、当高校始まって以来の秀才で、とある全国統一模擬試験で二番だったこともあった。彼はその後東大の文科一類（法学部）に行き（所謂すべり止め受験はなし）、日本銀行に就職した。そんな彼に、この私が勝てるはずもなかった。

振り返ってみれば、もう一つ気になることがある。それは、自分の容姿に関することである。本文にも書いたように、私は何度も美容整形手術を受けている。自我に目覚めた中学生の私は、自分の顔の多くの部分が嫌だった。中学生の男子は、容姿が良くなくても勉強ができればモテるのは分かっていたので、恐らく母に言われなくても、それなりに一生懸命勉強しただろうと思う。ただ、大学生にもなれば、たとえ勉強ができても、やはり顔が良くなければ女の子に相手にされない。自分に自信が持てない私は、女の子に声がかけられない。ナンパなんて、できるはずもない。清水の舞台から飛び降りるつもりで、二重まぶたの手術をしたが、それでもまだまだ自分の顔に自信が持てない。嫌な部分がてんこ盛りである。

実は現在の私としては、若くて綺麗な女性に声をかけることは、ごく自然な行為となっている。勿論、断られることもあるのだが、その際にはいつも、「こんな素敵な出会いは、もう二度とないよ」と、心の中で思っている。というか、実は最近では断られることはほとんどなくなった。常に、この娘はＯＫするに決まっている、というスタンスでいる。自慢話に聞こえたらごめんなさい。恐らくこれは、海外（タイ、フィリピン）で多くの修業を積んだこと、美容整形手術で得た自信、そしてこれまでに獲得してきた様々なスペックによるものだと思う。

とにかく、おじさんはもっと楽しく生きるべきである。この本は、『楽しいおじさん』の一例として、日々悶々と過ごしている六〇歳・六五歳のあなたのお役に立てるものと確信している。

【著者紹介】
サーシャ・ミナモト

一九五九年生まれ。一九八三年一橋大学法学部卒。大手生命保険会社で、企業年金や財務審査などを担当。三七歳で結婚。子供一人。四二歳で不動産鑑定士として起業。五五歳で離婚。賃貸アパート経営。スキー・テニス・ダンス・ドラム・ピアノなど趣味多数。著書に、『五五歳からの青春～独身・バツイチのあなたも海外で～』(幻冬舎)がある。

六〇歳《ろくじゅっさい》からのパパ活《かつ》
～日々《ひび》、悶々《もんもん》としているそこのあなたへ～

2024年7月31日　第1刷発行

著　者　　サーシャ・ミナモト
発行人　　久保田貴幸

発行元　　株式会社 幻冬舎メディアコンサルティング
　　　　　〒151-0051　東京都渋谷区千駄ヶ谷4-9-7
　　　　　電話　03-5411-6440（編集）

発売元　　株式会社 幻冬舎
　　　　　〒151-0051　東京都渋谷区千駄ヶ谷4-9-7
　　　　　電話　03-5411-6222（営業）

印刷・製本　中央精版印刷株式会社
装　丁　　弓田和則

検印廃止

Printed in Japan
ISBN 978-4-344-69145-2 C0095
幻冬舎メディアコンサルティングＨＰ
https://www.gentosha-mc.com/